Henner Kotte
Der Ruppersdorfer Schädelspalter

Henner Kotte

Der Ruppersdorfer Schädelspalter

und zwei weitere historische
Mordtaten aus Sachsen

Bild und Heimat

Von Henner Kotte liegen bei Bild und Heimat außerdem vor:

Falsche Ideale. Fünf wahre Verbrechen (Blutiger Osten, 2019)
Ministermord unter der Augustusbrücke. Ein historischer Kriminalfall aus Dresden (Blutiger Osten, 2019)
Populäre Sächsische Legenden (2019)
Die vermauerte Frau. Wahre Verbrechen aus Leipzig (Blutiger Osten, 2020)
Die Tote aus dem Zöffelpark. Drei authentische Kriminalfälle aus der Region Chemnitz (Blutiger Osten, 2021)
Jugend mit aller Gewalt. Sechs authentische Kriminalfälle aus Sachsen (Blutiger Osten, 2021)
Der Opfermord von Belmsdorf und zwei weitere authentische Kriminalfälle aus der Oberlausitz (Blutiger Osten, 2021)
Versicherung zahlt! Zwei aufsehenerregende Kriminalfälle aus Sachsen (Blutiger Osten, 2022)
Sächsische Höhepunkte. Von Gipfeln, Türmen, Aufsteigern und Überfliegern (2022)
Russentod in Frauenstein und sieben weitere authentische Kriminalfälle aus dem Erzgebirge (Blutiger Osten, 2022)
Feuer auf Bestellung und sechs weitere historische Kriminalfälle (Blutiger Osten, 2023)

ISBN 978-3-95958-363-3

1. Auflage
© 2023 by BEBUG mbH / Bild und Heimat, Berlin
Umschlaggestaltung: capa
Umschlagabbildung: Chris Keller / bobsairport
Druck und Bindung: GGP Media GmbH, Pößneck

SUPER*illu*

In Kooperation mit der SUPERillu
www.superillu-shop.de

Inhalt

Fallbeil der Gerechtigkeit

Der Schicksalsroman der Grete Beier

»Was das Milieu angeht, so lese man Grete Beier: nicht der Mord am Schluß hat diese Atmosphäre von Dumpfheit, schlechter Luft und schmierigem Eßgeschirr geschaffen. ›Während des Kaffeetrinkens fing er davon an, wie schade es sei, daß die Hochzeit noch immer nicht stattfinden könne. Er könne nicht ewig mit der Hochzeit warten. Nun begann er, zärtlich zu werden. Er bot ihr Eierkognak an, sie dankte, sie trinke keinen. So solle sie ihm wenigstens ein Gläschen einschenken. Damit ging er hinaus, um das Klosett aufzusuchen.‹ Liebst sie, liebst sie! So wirds gemacht, und wenn nicht grade eine Gerichtsverhandlung oder ein falsch adressierter Brief ein Zipfelchen vom Vorhang hochhebt – wir wüßten's nicht. Aber die andern wissens, die andern, die der Widerpart sind. Sie nennen sich zum Beispiel: Verband der Männervereine zur Bekämpfung der öffentlichen Unsittlichkeit, haben auch ein Blättchen ›Volkswart‹, und wenn man das liest, möchte man glauben, die Liebe sei zum Teufel gegangen und nur noch der außereheliche Beischlaf übrig geblieben. Die ›Ausübung desselben‹ soll unterdrückt werden, jeder Tischler, der Betten verkauft, soll unter den Kuppeleiparagraphen fallen, Nackttänzerinnen werden beschrien, sittenreine Opern gesucht, in jedem Schundplakat, in jeder Animierkneipe, in jedem scherzhaften Aschbecher für Tuchwaren-Reisende wird die Hölle gesehen, Masseusen, weibliche Homosexuelle, Unzüchtigkeit, Unzucht, unzüchtige, unsittliche Akte – der Mensch hats schwer! Von der Düsseldorfer Kunstausstellung wird eine Liste der verfemten Bilder hergestellt, die Integrität der Studentenbude ist zum Dogma geworden, und nun gehts los: auf der einen Seite Keuschheit, dann Prüderie, dann Fanatismus, auf der andern Spott, Hohn, Satire – und beide Male übertrieben.«

KURT TUCHOLSKY: LASTER UND LIEBE (1913)

I. Kolportage mit tödlichem Ausgang

Gar arg ist oft zerlesen
Ein neuer Bücherband,
den guten zerlas einer,
den schlechten Hand nach Hand.

JOSEF KRAL

»Unter dem grünverhangenen, nach der Hausflur mündenden Fenster, da, wo vor fünf Jahren die schöne unglückliche Frau des Taschenspielers die Pein tiefer Demütigung erlitten hatte, stand der Sarg mit Hellwigs sterblichen Ueberresten. Man hatte die Hülle des ehemaligen Kauf- und Handelsherrn noch einmal mit allem Glanze des Reichtums umgeben. Massiv silberne Handhaben schimmerten am Totenschreine, und das Haupt des Heimgegangenen ruhte auf einem weißen Atlaskissen. – Schrecklicher Kontrast! Neben dem eingefallenen Totengesichte dufteten frisch abgeschnittene Blumen, junges, unschuldiges Leben, bestimmt, vor der Zeit zu sterben, zur Ehre des Toten! Viele Leute kamen und gingen, flüsternd und geräuschlos Der da lag, war ein reicher, angesehener und sehr freigebiger Mann gewesen, aber nun war er ja tot. Fast aller Augen huschten scheu und rasch über die bleichen, zerstörten Züge und konnten sich nicht satt sehen an dem Prunke, dem letzten Aufflackern irdischer Herrlichkeit.«

EUGENIE MARLITT: DAS GEHEIMNIS DER ALTEN MAMSELL (1901)

Die übelbeleumundeten Trivialromane liegen auch heute in Buchhandlungen und an den Kiosken, sie werden millionenfach gekauft und verschlungen, und seit je streiten deutsche Gelehrte darüber, was ein gutes Buch nun sei. Suspekt sind den Literaturphilistern all die Werke, die massenhaft gelesen werden und Titel tragen wie *Mimili* (1816), *Lumpenmüllers Lieschen* (1878), *Schulmeisters Marie* (1890), *Der Scheingemahl* (1919) oder *Wenn Wünsche töten könnten* (1925). Deshalb wird diese Art Literatur von ihnen kurzentschlossen mit einem wenig schönen Etikett versehen: Man spricht von Kolportage, Sentimentalität und schlechtem Stil.

»Trivialliteratur stellt im Dreischichtenmodell neben Hoch- und Unterhaltungsliteratur die untere Ebene dar. Mit dem Begriff, lateinisch ›trivialis‹, ist ›gewöhnlich‹ gemeint. Gedanken, Bemerkungen, Worte, Weisheiten oder Thesen ohne Ideengehalt bezeichnet man deshalb auch als ›trivial‹. Im Gegensatz zu den anderen zwei Formen literarischer Texte wird Trivialliteratur als allgemein verständlich und leicht zu erfassen gewertet. Man kann auch von Schemaliteratur, Massenliteratur oder Paraliteratur sprechen, weil Trivialliteratur in der Regel große Themen behandelt, wie z. B. Liebe, Tod, Abenteuer, Verbrechen, Familie oder Krieg. Dabei wird die Verständlichkeit und Emotionalität der Sprache so strukturiert, dass eine möglichst große Leserschaft angesprochen wird. Es werden z. B. Gut und Böse deutlich vermittelt sowie vorgeprägte Denkweisen, Erfahrungen und Erwartungen bedient.«

Und doch kann gelebtes Leben dem geschilderten aus den Trivialromanen gleichen. Das Schicksal der Bürgermeisterstochter Grete Beier vereint all die der Kolportage nachgesagten Themen: Liebe, Hass, Gewalt und Tod, ungewollte Schwangerschaft und Machtmissbrauch. Aber die Tragödie der Tochter aus gutem Hause stellt auch gesellschaftliche Konventionen, das Korsett von Ehe und Moral in Frage. Eine heile Welt schildern selbst die Heile-Welt-Romane einer Eugenie Marlitt, Wilhelmine Heimburg oder Hedwig Courths-Mahler selten. Auch ein irdisches Happy End muss es nicht geben.

Denn, meint Silvia Bovenschen, »können Sie sich einen Roman vorstellen, in dem über 300 Seiten ausschließlich vom Glück der Protagonisten die Rede ist? Selbst der Trivialroman benötigt das Unglück. Im Denken und im Schreiben über Schieflagen, Vergeblichkeiten und im Unglück liegt ein Erbarmen mit der leidenden Kreatur und ihrer fundamentalen Unzulänglichkeit, zugleich aber auch eine Hybris, als könnten wir uns, indem wir das zur Sprache bringen, tatsächlich darüber erheben.«

II. Die Liebe und der Ehewunsch

Die Gemeinden Brand und Erbisdorf zwangsvereinigte man 1912. Beide Orte liegen am Rande des Erzgebirges, fünf Kilometer südlich von Freiberg, dem Gerichtsstandort, an dem der Sensationsprozess im Sommer 1908 dann stattfand. Wie die Kreisstadt hatte auch Brand und Erbisdorf der Bergbau geprägt. Gut ein Viertel der sächsischen Silberausbeute förderte man in Brand zutage. Mit Beginn des 20. Jahrhunderts waren die Silberfunde erschöpft und die Industrialisierung schaffte sich Raum. Doch waren Expansionen beider Gemeinden schlechterdings kaum möglich, wenn man nicht als Einheit die wirtschaftlichen Entscheidungen traf. In den Ereignisjahren dieser Kriminalgeschichte besaß die Gemeinde Brand noch ihre Selbstständigkeit, und ihr Bürgermeister hieß: Ernst Theodor Beier.

Ohne Zweifel stand Ernst Theodor Beier bei den Einwohnern der Stadt in Ansehen, sonst hätte man ihn nicht in dieses Amt gewählt, das er vom 1. September 1898 bis zum Tage seiner Erkrankung am 10. März 1907 ausgeübt hat. Er gehörte außerdem dem Schulvorstand an. Sein Ruf wurde im Laufe der Zeit wegen seiner zahlreichen Liebesaffären immer schlechter, und wenn er nicht am 20. April 1907 an Darm- und Leberkrebs gestorben wäre, hätte man ihn ganz gewiss wegen krimineller Delikte – Urkundenfälschung, Meineid, Beseitigung eines abgetriebenen Kindes – vor Gericht gestellt. Auch wurde er verdächtigt, sich in Ausübung seines Amtes persönlich bereichert zu haben, denn er hinterließ ein Vermögen, zu dem er weder durch seine Bezüge als Bürgermeister noch durch gelegentliche Erbschaften gekommen sein konnte. Die Ursachen des Wohlstands der Familie Beier wurden nie geklärt. Doch ist zur Amtszeit Beiers einiges geschehen: Die Glasindustrie kam hierher, das abgebrannte Rathaus wurde wieder aufgebaut, die »Sonnenwirbelhalde« zu einem Park umgestaltet, Bestrebungen, Brand mit Erbisdorf zu vereinen, waren im Gange. Man darf wohl annehmen, dass Beier seinen Anteil an der Entwicklung hatte, und wenn der Fall seiner Tochter nicht die dunklen Punkte in seinem Leben aufgezeigt hätte, wäre ihm, wenn auch nicht das beste, so doch immerhin ein erträgliches

Andenken bewahrt. Darauf weist bereits die Todesnachricht hin: »Brand, 21. August (Todesfall): Gestern starb im Friedrichstädter Krankenhause in Dresden Herr Bürgermeister Beier von hier. Der Verstorbene hat seit 1885 im Dienste unserer Stadt gestanden und sich unleugbare Verdienste um die wirtschaftliche Hebung der Stadt erworben.«

Ernst Theodor Beier und seiner Gattin Ida Karoline wurde am 15. September 1885 Tochter Marie Margarethe geboren. Man rief sie Gretl, Gretchen, Grete Beier – ein Name, der in der sächsischen Geschichte haften blieb.

»Ihre Tage der Kindheit sind von sorgender Zärtlichkeit gehütet und von der innigen Liebe einer guten alten Frau sonnig durchwärmt und wie heißt es: ›Wer keine Großmutter hat, der weiß nichts vom schönsten Märchenhimmel des Kindheitsparadieses, der ist um das kostbarste Erbe der Vergangenheit betrogen worden. Die Großmutter, jene gütige, verstehende, auf der Höhe der Lebenserfahrung milde gewordene Frau, die unsere Schmerzen besser mitempfindet als die Mutter, die für sich selbst nichts mehr will und darum Zeit hat für uns; der wir alles sagen dürfen, weil sie alles versteht. Der kleinen Grete Beier war dieses Glück beschieden. Die Küsse und Umarmungen der guten Großmama erstickten im Keime alle häßlichen Triebe, die sich in Gretl regen mochten, und die damals wohl nur als verzeihliche Unarten eines übermütigen Kindes sich schüchtern meldeten, in ihrer verhängnisvollen Bedeutung den schwachen Augen der liebenden Alten aber gewiß kaum wahrnehmbar waren. Solange die Großmutter lebte, war Grete ein frohes, glückliches, kluges und liebes Kind.

Zu ihrem Unglück sollte sie die Großmutter bald verlieren. Nun fühlte sie sich im Hause von Vater und Mutter wie eine Waise. Was gut in ihr war, fand keine

Pflege mehr und entwickelte sich nicht weiter, das Ungute in ihr wurde in seiner verborgenen Fortbildung nicht mehr gehemmt.

Als einzige Tochter des Bürgermeisters von Brand gehörte sie freilich zur ersten Familie des kleinen Nestes. Aber die erste brauchte nicht die beste zu sein. Die Äußerungen über die Familie in den zahlreichen Beier-Prozessen lauten nicht gerade günstig – in den fünf Monaten vom 29. Januar bis 30. Juni dieses Jahres (1908) sind in Freiberg nicht weniger als sechs solche Prozesse verhandelt worden, die allesamt mit den Verurteilungen der verschiedenen Angeklagten geendet haben. Der Vater, der verstorbene Bürgermeister Ernst Theodor Beier, soll nur durch vorzeitigen Tod einer peinlichen Auseinandersetzung mit den Richtern entgangen sein. Mag ihn auch berechtigter Tadel treffen, mag er sich um seine Tochter nicht genug gekümmert und die unheilvollen Triebe in ihr, zu denen doch unzweifelhaft gewisse Ansätze dem Auge des Vaters erkenntlich sein mußten, nicht energisch genug unterdrückt haben – die Liebe, die Grete für ihn fühlt, die Zärtlichkeit, mit der sie an ihm hängt (diese innige Liebe zu ihrem Vater ist die einzige menschlich gute und reine Empfindung, die Grete äußert), wirft doch auf ihn einen versöhnlichen Schimmer; und selbst wenn er schwer gefehlt, hat der Unglückliche viel gesühnt. Dem Auge des Sterbenden hat sich noch das furchtbare Bild dargeboten: die tiefste Schändung seiner Familie. Am 27. Juni 1907 war Grete als der Fälschung und des schweren Diebstahls dringend verdächtig verhaftet worden – in der Krönerschen Sache. Ihr schwerstes Verbrechen, die Ermordung Preßlers, war freilich noch nicht entdeckt; aber der Alte mochte doch wohl ahnen, daß mit diesem plötzlichen Tode des Bräutigams und der Einsetzung Gretens als Universalerbin auch nicht alles ganz richtig war. In der Gewißheit, daß seine Tochter eine schwere Verbrecherin war, und in banger Ungewißheit, daß sie vielleicht sogar mit dem schwersten Verbrechen ihr Gewissen belastet habe, starb er am 20. August.

In noch weniger erfreulichem und in bestimmterem Lichte erscheint uns die Mutter: Ida, geborene Clausnitzer. Grete erhebt bittere Klage darüber, daß es ihr nie gelungen sei, zu ihrer Mutter in ein innigeres Verhältnis zu treten, daß ihre Liebkosungen rauh abgewiesen worden seien. Aus allem, was sie in den Verhandlungen vor den Richtern über ihre Mutter sagt, klingt vernehmlich der bittere Vorwurf hervor, daß sie ganz anders geworden wäre, wenn ihre kindliche Zärtlichkeit von ihrer Mutter erwidert worden wäre. Die Mutter aber hatte anscheinend kein anderes Bestreben, als die herangewachsene Tochter gut, das heißt mit einem wohlhabenden Manne zu verheiraten. Grete war, wenn auch keine Schönheit, doch mädchenhaft hübsch, dabei klug und liebenswürdig. Sie kleidete sich geschmackvoll und sah auch in einfachsten Kleidern sehr elegant aus. Und sie war die Tochter des Bürgermeisters! Für ein solches Mädel mußte sich doch eine gute Partie finden lassen! Auf diese Hauptsache steuerte die Mutter los. Alles übrige galt ihr als nebensächlich. Und sie war ihrer Tochter gegenüber von unbegreiflicher Duldsamkeit. Sie drückte mehr als vonnöten zu gelegener Zeit ein Auge zu. Denn daß sie von den tollen Ungehörigkeiten ihrer herangewachsenen Tochter keine Ahnung gehabt habe, ist schwer anzunehmen. Daß sie zum mindesten bei einem der Verbrechen Gretens ihre Hand im Spiele gehabt hat, ist vom Freiberger Schwurgericht als bewiesen erkannt worden. Sie ist wegen Verleitung zum Meineid mit zwei Jahren Zuchthaus bestraft worden.

An ihren Eltern fand Grete also keinen Halt, keine Stütze; weder in Zärtlichkeit, noch in Strenge eine Korrektur ihrer bedenklichen Neigungen, die unbeachtet im Verborgenen fortwucherten, bis sie zu gräßlicher Reife gediehen. Im Sittlichen hat Grete offenbar seit dem Tode der Großmutter überhaupt keine Erziehung mehr gehabt. Sie ist eben wild aufgewachsen, und die Keime zu ihrem originären Verbrechertum haben sich im Schatten des indolenten Elternhauses frei und ungestört entfalten können.

Wäre es sonst möglich gewesen, daß man einem jungen Mädchen aus der ersten Familie der kleinen Stadt den Umgang mit den bedenklichsten Weibern, mit der Hebamme Therese Kunze und der Ida Kammlodt, der gefälligen Vermieterin eines sturmfreien Nachtquartiers, gestattet hätte? Wäre es möglich gewesen, daß Grete in ihrem Zimmer im Elternhause mit ihrem Liebsten Schäferstunden hätte verbringen, sich ungezählte Male nächtlings aus dem Hause hätte schleichen, stundenlang mit ihrem Geliebten bei einer Kupplerin hätte zusammenbleiben und erst beim Morgengrauen in die elterliche Wohnung hätte huschen können? Daß sie unbeaufsichtigt, mit und ohne Wissen der Ihrigen, nach den Nachbarstädten Freiberg und Chemnitz und mit dem Bräutigam zwei, drei Tage nach Leipzig hätte reisen können?«

Ein erster Freund war Grete Beier der Partner in der Tanzstunde gewesen: Fritz Oelsner. Er schrieb ihr glühend Liebesbriefe. Doch war die Romanze schlagartig beendet, als Grete bei einem Faschingsballe Hans Merker kennenlernte. Sie war von ihren Gefühlen überwältigt. Er pflegte die Liaison mit einer Tochter aus gutem Hause, denn finanziell war Merker nicht abgesichert, nahm Arbeit an und ließ sie liegen. Und Hans Merker wusste sofort, welchen Schatz er mit

Gretchen in seinen Händen hält: »Ihre Jugend, Frische, Munterkeit, Nettigkeit und Klugheit kommen für ihn – um das juristische Wort zu gebrauchen – nur als ›adminikulierende (unterstützende) Momente‹ in Betracht. Mit ehrlichem Zynismus enthüllt er uns das Geheimnis seiner Werbung um Gretens Gunst: Sie ist eine gute Partie, eine ›Kronleuchterpartie‹, wie er sich in seinem häßlichen Jargon ausdrückt. Was er von ihr will, ist: Geld – nichts weiter! Er hat leichtsinnig gewirtschaftet, hat Schulden gemacht, anvertraute Gelder unterschlagen; er braucht Geld, und wenn er's nicht hat – die Tochter des Bürgermeisters von Brand wird's ihm schon verschaffen.«

Der Wert der deutschen Mark von 1907 läge heute bei etwa drei Euro: »Nachweislich hat Grete Beier für Merker in den zwei Jahren ihrer Bekanntschaft vom 5. Februar 1905 bis zum 2. Mai 1907 an größere Summen herbeigeschafft: 1.200 Mark durch ihren Vater, 600 Mark durch die Kunze, 4.300 Mark durch den Krönerschen Diebstahl – also 6.100 Mark – mithin eine Summe, die das fünfjährige Einkommen dieses geringen Handlungsgehilfen mit seinen 1.200 Mark Salär übersteigt. Von kleineren Beträgen, die insgesamt gewiß auch ein hübsches Sümmchen ergeben, gar nicht zu reden.

Merker brauchte beständig Geld, und wenn sie nicht genug schaffte, peitschte er sie durch beängstigende Drohungen zu immer neuen Streichen auf. Er selbst hielt sich als ein vorsichtiger Mann abseits. An den Gefahren des Unternehmens beteiligte er sich nicht. Das mochte sie mit sich abmachen. Wie sie es anfing, das Geld herbeizuschaffen, kümmerte ihn wenig. Er war nicht neugierig. Er brauchte ja nicht zu wissen, und wollte auch nicht wissen, aus welcher Quelle es ihm zufloß. Er fragte nicht:

woher? Er fragte nur: wieviel? Nahm's und verjubelte es.«

Solch ein Bursche konnte Herrn und Frau Bürgermeister als Gatte für die Tochter nicht gefallen, in ihren Fokus geriet als potentieller Schwiegersohn Oberingenieur Kurt Preßler, Mitglied im Sächsischen Dampfkessel-Revisionsverein und Fachmann für Windkraftenergie: »Er war viel älter als sie, vielleicht zwölf oder fünfzehn Jahre. Sie hatte ihn anfangs für einen Lebemann gehalten, doch bald gemerkt, daß das ein Irrtum war. Der runde Kopf mit dem spärlichen blonden Haar, der krause Bart unter dem energischen Kinn und der gezwirbelte Schnurrbart, der starre Blick seiner wasserhellen Augen, die rechthaberische Art seiner Rede – alles in allem ein Typ, in dessen Gegenwart sie sich gehemmt und unsicher fühlte. Natürlich schmeichelte es ihr, daß ihr ein Mann in dieser Position, den Hof machte.« So sehr die Eheanbahnung von den Eltern auch befördert wurde, Gretchen kann von Hans Merker nicht lassen.

»In Brand lebte eine frühere Hebamme, die sich Therese Kunze nennt, und mit der die Tochter des Bürgermeisters – der Himmel weiß, wie – vertraut bekannt geworden war. Dieser erfahrenen, 63-jährigen Frau Kunze – ›ein Weib, wie auserlesen‹ – einer Gelegenheitsmacherin der schlimmsten Art, erzählte Grete ihre Liebschaft mit Merker und klagte ihr wohl auch ihr Leid über die Schwierigkeit ungestörten Zusammenseins mit ihm; denn in ihrem Stübchen im Elternhause, wo sie Merker öfter heimlich empfangen hatte, war die Sache doch immer ein bißchen gefährlich. Die gute Frau Kunze wußte Rat. Sie mietete für das Pärchen eine Stube bei ihrer Freundin, Frau Ida Kammlodt, wo die Liebesleute ganz ungeniert zusammentreffen konnten – zu jeder Stunde des Tages und

der Nacht. Dafür wurde der Kammlodt eine Monats-
miete von sieben Mark versprochen, etwa 25 Pfennig
täglich. Und selbst dieser doch recht mäßige Preis
ist der Kammlodt nicht einmal voll bezahlt worden!
Sie hat nur einen Teil der vereinbarten Mietssumme
erhalten. Die gute Frau Kunze tat alles Menschen-
mögliche, um es ihrer jungen Freundin Grete leicht
zu machen. Sie besorgte die brieflichen Verabredun-
gen mit Merker; sie sorgte dafür, daß die Stube an
den Tagen, da Merker kam, gut geheizt wurde. Wenn
es regnete, brachte sie der Grete die Gummischuhe
und den Schirm aus dem Hause der Eltern, und sie
weckte die glücklich Liebenden, damit Grete die Zeit
nicht verschlafe und ihren Rückzug unbemerkt antreten könne, um rechtzeitig daheim zu sein. Irgendwie
nennenswerte finanzielle Vorteile scheint die gefällige
Person dabei nicht gehabt zu haben. Ihre Dienstfer-
tigkeit war wohl mehr ein Ausfluß des mephistophe-
lischen ›Hab ich doch meine Freude dran!‹« – »Man
ist eben zu gut und zu dumm!«, wird Therese Kunze
später zu ihren Kuppeldiensten sagen.

Ganz anders verhielt sich Grete zu dem ihr zuge-
dachten Bräutigam: »Dem feinfühligen Preßler konnten bei aller Verliebtheit die Unfreundlichkeiten der
spröden Braut nicht entgehen. Und auch zwischen
dem Brautpaar kam es oft zu recht unliebsamen und
garstigen Auftritten. Grete hatte übrigens alle Veranlassung, an den verlassenen Schatz Tag und Nacht zu
denken; denn sie durfte nun nicht mehr daran zwei-
feln, daß die nächtlichen Begegnungen mit Merker bei
der Kammlodt nicht ohne Folgen geblieben waren.
Und als sie wieder einmal durch ihr unwirsches Benehmen eine häßliche Szene mit Preßler provoziert
und er sich erzürnt von ihr abgewandt hatte, kehrte sie
reuig und verliebter denn je zu ihrem Merker zurück

und warf sich dem Vater des Kindes, das sie unter dem Herzen trug, schluchzend und jubelnd in die Arme.

Merker wußte, daß er nun gewonnenes Spiel hatte. Nun brauchte er bloß damit zu drohen, daß er mit Herrn Preßler noch ein Wörtchen im Vertrauen zu reden habe, um Greten zu allem gefügig zu machen. Und wohl nicht bloß Greten allein, auch die Eltern. Einstweilen tat er so, als ob er auf Gretens Hand ältere Ansprüche habe und sie zwingen wolle, ihre Verlobung mit Preßler aufzuheben.

In ihrer Seelenangst entschloß sich Grete der argwöhnisch gewordenen Mutter gegenüber zu einem Geständnis ihrer schrecklichen Lage. (Ob der Vater etwas davon erfahren hat, ist in den der Öffentlichkeit bekannt gewordenen Angaben noch dunkel geblieben.) Die Mutter, die von einer Aufhebung der Verlobung mit Preßler nichts wissen wollte und die Verbindung mit dem Habenichts und dem der Unterschlagung geständigen Merker aufs entschiedenste zurückwies, glaubte doch einen Ausweg aus dem furchtbaren Wirrsal finden zu können. Wenn Grete ihre physische Abneigung gegen den Mann, den sie ja doch heiraten werde, schon vor der Einsegnung der Ehe überwinden und die Vorbedingungen schaffen würde, die Preßler zu dem Wahne verleiten könnten, daß er sich vorzeitig Vaterfreuden gesichert habe? Das mütterliche Ansinnen einer solchen Diskontierung der legitimen Ehefreuden empörte indessen Greten aufs äußerste. ›Lieber spränge ich ins Wasser!‹, erklärte sie mit einer Entschiedenheit, an der jedes ›vernünftige‹ Zureden zerschellte.

Es geschah etwas anderes. Die gute Frau Kunze schaffte Rat. Der früheren Hebamme durfte man ja zutrauen, daß sie Bescheid wisse. Wenn auch starke Verdachtsgründe vorliegen, erwiesen ist es nicht, daß die Mutter um diese geheimen Treibereien gewußt hat.« Grete Beier ging zur Engelmacherin und ließ Merkers Leibesfrucht entfernen.

Kurt Preßler, der Bräutigam, ahnt von diesem Geschehen nichts. So werden die Hochzeitsfeierlichkeiten auf den 14. Mai 1907 terminiert. Grete Beier aber weiß, sie wird mit dem verhassten Preßler auf keinen Fall vor den Traualtar treten, eher bringt sie diesen Mann ums Leben. Eine Nachbarin, Frau Wrobel, findet just am Hochzeitstage dessen Leiche. Zunächst glaubt die Polizei an Selbstmord. Schusswunden sind am Kopf zu sehen. Man findet die Pistole. Und auf dem Tisch liegt der Brief einer Leonore Veroni aus Italien, der das Motiv des Suizids erklären kann: Bigamie, Untreue und moralische Schuld am Tode einer jungen Maid, die sich vor Liebe nach Kurt Preßler verzehrte und ob seiner Kälte kummervoll und freiwillig aus dem Leben schied. Frau Veroni ist die Schwester der Verschiedenen und erpresste und heiratete den Galan und Oberingenieur. So steht das im Briefe, und das moralische Korsett der Zeit war eng. Jetzt ist Kurt Preßler tot.

»In Begleitung ihrer Mutter fährt Grete Beier mit dem nächsten Zuge nach Chemnitz. Sie weiß, daß sie dort im Sterbezimmer an der Leiche des Unglücklichen Mutter und Bruder finden wird. Auch vor dieser Begegnung schreckt sie nicht zurück. Sie sieht den Verwandten ihres Opfers ruhig ins Auge. Sie scheut auch nicht die prüfenden Blicke, die Preßlers nächste Verwandte auf das von ihr gefälschte Testament werfen, das in Form und Inhalt doch wohl geeignet ist, Mißtrauen zu wecken. Sie spielt den Hinterbliebenen keine Komödie erheuchelter Trauer und Rührung vor. Sie zuckt nicht mit der Wimper, und nicht eine Träne rollt über ihre Wangen. Sie begnügt sich, durch diskrete Zustimmung die Behauptung ihrer Mutter zu unterstützen, daß Preßler gelegentlich den Wunsch geäußert habe, nach seinem Tode verbrannt zu werden.«

Doch die Fälschungen im Falle Krönert, mit denen sich Grete Beier ein Erbe erschlich, lassen erkennen, auch Kurt Preßler hat seinen letzten Willen nicht mit eigner Hand verfasst:

Chemnitz, den 9. Mai 1907
TESTAMENT

Zur Universalerbin meines gesamten Vermögens, wie sämtlicher Möbel, Betten, Wäsche, Wertsachen, Wein usw., ernenne ich meine Braut Marie Margarete Beier, des Bürgermeisters Beier in Brand Tochter. An meine Mutter und Geschwister richte ich die herzliche Bitte, auf alles, auch auf den Pflichtteil, zu verzichten, da sie es nicht brauchen, meine Braut aber dadurch sehr geschädigt ist. Ich bereue nicht etwa, was ich getan habe, denn ›Lustig gelebt und selig gestorben, ist dem Teufel sein Handwerk verdorben!‹ Die Angaben meiner ersten Frau sind vollkommen richtig, sie hat jedoch und macht auch keinerlei Anspruch auf ein Erbteil, da sie schon ausgezahlt ist, ich habe angenommen, es kommt niemals heraus, nun ist es eben gut. Dieses Testament ist von mir eigenhändig geschrieben und unterschrieben und somit vollkommen rechtskräftig, denn ich befinde mich im Vollbesitz meiner geistigen Fähigkeiten. Lebt wohl und amüsiert Euch noch recht gut auf der Welt, ich habe reichlich genossen. Es gibt ja doch nichts mehr nach dem Tode!

Heinrich Moritz Kurt Preßler, Oberingenieur

Das Testament ist eine Fälschung, und der Tod des Erblassers war ein Verbrechen: Mord. Alle Indizien der

Täterschaft weisen hin auf seine Braut: Grete Beier hat aus Eigennutz und Liebe den potentiellen Ehemann mit Plan und Vorsatz und Bedacht am Vorabend der Ehe aus dem Leben scheiden lassen. Und nicht nur Mord schlägt bei ihr zu Buche: Die Liste ihrer Vergehen ist lang und reicht von Urkundenfälschung, illegaler Abtreibung eines ungeborenen Menschen bis hin zu diesem schmählichen Tod des Bräutigams. All das wird das Freiberger Gericht monatelang beschäftigen. Sein letztes Urteil wird sächsische Geschichte schreiben: »Die Angeklagte wird wegen Mordes zum Tode verurteilt.«

»Wer länger als ein Menschenalter fast täglich genötigt ist, sich in beruflicher Eigenschaft in den Gerichtssälen zu bewegen und auch die Stätten zu betreten, auf denen der Scharfrichter seines grauenvollen Amtes waltet, der wird naturgemäß etwas abgestumpft. Allein wenn eine junge Dame, die zu den gebildeten Kreisen gehört, eine Dame der Gesellschaft, die jugendliche Tochter eines Bürgermeisters auf die Anklagebank geführt wird, unter der Beschuldigung, ein Verbrechen begangen zu haben, wie es entsetzlicher nicht gedacht werden kann, dann ergreift auch den abgestumpftesten und gleichgültigsten Gerichtsberichterstatter ein heftiges Schaudern. Der Fall ›Grete Beier‹ wirft auf die Sittenzustände im Anfange des zwanzigsten Jahrhunderts ein um so traurigeres Schlaglicht, da nicht nur das Töchterlein eines Bürgermeisters, sondern auch der Bürgermeister selbst sich nebst seiner Gattin der ärgsten Verbrechen schuldig gemacht hatte.«

HUGO FRIEDLÄNDER: PROZESS GRETE BEIER WEGEN ERMORDUNG IHRES BRÄUTIGAMS VOR DEM SCHWURGERICHT ZU FREIBERG I. SA. (1908)

III. Die Vorverhandlungen

»Daß noch immer dicht unter der dünnen Decke unserer gerühmten Kultur die uralten Menschenfeinde, die Dämonen des Aberglaubens, des Rassenhasses, des Neides und der Habgier nur auf die Gelegenheit lauern, ihre schwachen Fesseln zu sprengen und die Menschen in wahnwitziger Betörung aufeinander zu hetzen – wo könnten wir des mit erschreckenderer Deutlichkeit innewerden, als in der beschämenden Erinnerung an jene von uns selbst miterlebte Volksseuche, die in dem Kulturleben unserer Zeit einen der dunkelsten Flecke bedeutet?

Unser Herz krampft sich zusammen, wenn wir der aberwitzigen Ausgeburten der Antivernunft und Antimoral gedenken müssen, die noch vor wenigen Jahrzehnten in den Hirnen und Herzen von Leuten spuken konnten, die sich gebildet, die sich gar mit Stolz Christen nannten.

Der Sensationshunger unseres Publikums verlangt eben nur nach der seine Nerven kitzelnden Kost der *cause célèbre* von heute, und nur ganz wenige haben ein Interesse an der getreuen Aufbewahrung dieser *documents humains* als eines Besitzes für immer. Und doch; wie unendlich wichtiger und interessanter sind diese, die uns die Nachtseiten der Menschenseele wirklichkeitsgetreu schauen lassen, damit wir im Sinne des buddhistischen *Tattwam asi* – das bist du selber! – Einkehr halten in unser eigenes Herz, als die müßigen Phantasieausgeburten jener modernen Sherlock-Holmes-Novellistik, um die sich die Leser reißen. Wie das Publikum aber, so die Literatur!«

<small>Erich Sello: »Vorwort« zu Hugo Friedlander Interessante Kriminalprozesse (1910)</small>

23

Grete Beier steht am Donnerstag, dem 4. Juni 1908, erstmals persönlich vor dem Richter: »Vor der Strafkammer des Landgerichts Freiberg wurde heute gegen die Bürgermeisterstochter Grete Beier aus Brand und gegen die Hebamme Maria Theresia Kunze wegen Abtreibung verhandelt.«

Vor allem ungewollt Schwangere im beginnenden Industriezeitalter unterzogen sich dieser körperlichen und psychischen Tortur. Es galt der Paragraph 218 des Strafgesetzbuches von 1871: »Eine Schwangere, welche ihre Frucht vorsätzlich abtreibt oder im Mutterleib tötet, wird mit Zuchthaus bis zu fünf Jahren bestraft. Sind mildernde Umstände vorhanden, so tritt Gefängnisstrafe nicht unter sechs Monate ein. Dieselben Strafvorschriften finden auf denjenigen Anwendung, welcher mit Einwilligung der Schwangeren die Mittel zur Abtreibung oder Tötung bei ihr angewendet oder beigebracht hat.« Verhütung verbot die Kirche. Frauen gebaren und gebaren und wurden erneut schwanger. Sie konnten und wollten angesichts sozialer Notlagen ihre Kinder nicht. Männer verweigerten zumeist die Kenntnisnahme des Problems. Ärzte fürchteten die Verurteilung und Berufsverbot. »Man nimmt an, dass zwischen 1900 und 1940 in Deutschland jede vierte Schwangerschaft mit einer illegalen Abtreibung endete. Durchschnittlich trieb jede Frau einmal in ihrem Leben ab. Ein grauenhaftes Schlachtfeld. 40 000 Frauen in jedem Jahr fraß der Tod, weil der Paragraph sie in die Hände von Kurpfuschern trieb. 80 000 Frauen erlitten schwere Nebenerkrankungen, mit dauernden körperlichen Schäden. 300 000 Frauen blieben ihr Leben lang unfruchtbar, waren als Mütter tot, gestorben. Überfüllt die septischen Frauenabteilungen der Krankenhäuser mit den Opfern des Paragraphen und die Frauengefängnisse zur Hälfte gefüllt mit Abtreiberinnen und Kindsmörderinnen. Über 7000 Frauen wurden jährlich abgeurteilt von den Gerichten. Davon gehörten 99 Prozent den arbeitenden Schichten an und nur ein Prozent der besitzenden Schicht. Das Klassengesicht des Paragraphen war eindeutig. Die Dame der besseren Gesellschaft fand immer einen hilfsbereiten Arzt, der ihr das ›kleine Malheur‹ wegbesorgte. Die Frau des Arbeiters, die Frau des kleinen Angestellten mußte gebären oder sterben, krepieren wie eine Hündin, die keinen wirtschaftlichen Wert hat und verbluten muß, weil für sie der Arzt zu teuer ist. Not häufte sich zur Not.«

Die Mittel, die dazu von Frauen eingesetzt wurden, lesen sich wie ein Schreckenskabinett: Stricknadeln, scharfe Löffel, Messer, Gabeln oder Bleistifte wurden in die Gebärmutter eingeführt mit der Hoffnung, dass das neue Leben so austrieb. »Erst ausgekratzt, dann abgekratzt«, empörten sich die Gegner des Paragraphen. Mit Seifenlauge wurde ausgespült, Cyankali und andere Gifte wurden todesverachtend geschluckt. Treppen ist man auf und nieder gehüpft, von Schränken hat man sich auf die prallen Bäuche fallen lassen. Es wurde sich in den Leib geboxt, gepresst, geschunden.

Die Methoden der Abtreibung sind vielfältig. Von alters her bekannt und oft erfolgreich angewandt: die Ausschabung. Sie »wird zwischen der 7. und der 12. Woche angewandt, dabei wird der fest verschlossene Muttermund mit Hilfe verschiedener Instrumente erweitert, damit der Arzt mit den Instrumenten in die Gebärmutter eindringen kann. Anschließend wird ein scharfes gebogenes Messer durch die Scheide in die Gebärmutter eingeführt. Der Körper des Kindes wird in Stücke zerschnitten. Nachdem alle Kindsteile entfernt sind, wird die Gebärmutter mit einem stumpfen Schabeisen, der Curette, ausgeschabt. Aufgabe des Operationspersonals ist es nun, die Leichenteile wie Arme, Beine, Kopf und Rumpfteile wie ein Puzzle zusammen zu setzen, um sicherzugehen das die Gebärmutter leer ist. Ansonsten könnte die Mutter Blutungen oder Infektionen bekommen.«

Der nun beginnende Gerichtsprozess ist »der erste in dem Rattenkönig von Prozessen, den das Treiben der Grete Beier in Brand zur Folge hatte, in dem Grete Beier selbst auf der Anklagebank erscheint. Lange vor dem auf 4 Uhr festgesetzten Beginn der Verhandlung war der geräumige Zuhörerraum bis auf das letzte Plätzchen besetzt. Eine Menge Neugieriger, die keinen Einlaß fanden, drängten sich auf den Korridoren, um das zu so trauriger Berühmtheit gelangte Mädchen wenigstens zu sehen. Kurz nach 4 Uhr wurden die beiden Angeklagten eingeführt. Die Hebamme Kunze ist eine unscheinbare alte kleine Frau, die gegenwärtig acht Monate Gefängnis wegen in Brand mit einer Frau Kammlodt begangener gewohnheitsmäßiger Kuppelei verbüßt. Auch diese Verurteilung hängt aufs engste mit der Affäre Grete Beiers zusammen; denn die Kunze war es, die bei Frau Kammlodt ein Zimmer gemietet hatte, um Grete Beier den intimen Verkehr mit ihrem Liebhaber Merker zu ermöglichen. Das Hauptinteresse konzentrierte sich naturgemäß auf die Person der Grete Beier selbst.

Sie ist von mittelgroßer Gestalt und erscheint in schwarzer Kleidung. Das Haar ist modern frisiert. Die großen hellen blauen Augen schweifen lebhaft im Saale umher und geben dem runden, vollen, dabei aber schönen Gesicht, trotz der langen Untersuchungshaft, ein frisches Aussehen. Bevor der Gerichtshof erscheint, unterhält sich die Angeklagte längere Zeit mit ihrem Verteidiger. Den Vorsitz führt Landesgerichtsdirektor Dr. Ruderdt, die Anklage vertritt Staatsanwalt Dr. Mannel, während die Rechtsanwälte Dr. Knoll (Dresden) und Vollhering (Freiberg) die Verteidigung führen.

Auf die Frage des Vorsitzenden nach ihren Personalien gibt die Angeklagte Grete Beier mit leiser, aber sicherer Stimme Auskunft. Sie heißt Maria Margarete Beier, ist am 15. September 1885 in einem Dorfe bei Brand geboren, evangelisch-lutherisch, bisher noch unbestraft. Ihre Mutter sitzt gegenwärtig im Gefängnis, während ihr Vater am 20. August 1908 in Brand verstorben ist. Die Angeklagte Kunze ist am 10. April 1945 in Erbisdorf geboren. Sie kann sich des genauen Datums des Todes ihrer Eltern nicht mehr entsinnen. Ihre Eltern seien aber schon lange tot. Auf Befragen des Vorsitzenden muß die Angeklagte bestätigen, daß sie nicht unvermögend und mehrere Sparkassenbücher besitzt. Die weiteren Verhandlungen finden unter dem Ausschluß der Öffentlichkeit statt. – Grete Beier und die Hebamme Kunze wurden wegen Abtreibung zu je 1 Jahr Gefängnis verurteilt.«

»Am Freitag (den 5. Juni 1908) stand die Grete Beier, die Tochter des verstorbenen Bürgermeisters von Brand zum zweiten Mal vor dem Landgerichte Freiberg. Am Vortage waren sie und die Hebamme Kunze zu je einem Jahre Gefängnis verurteilt worden wegen Abtreibung. Nach der zweiten Anklage war Grete Beier beschuldigt, ein Testament ihres Verwandten, des Armenhausverwalters Kröner, gefälscht zu haben, um sich dessen Vermögen anzueignen, weiter wurde sie des schweren Diebstahls angeklagt, den sie dadurch begangen hat, daß sie aus einer Kassette Kröners ein Sparkassenbuch von 800 Mk. in bar stahl; der schweren und einfachen Urkundenfälschung hat sie sich dadurch schuldig gemacht, daß sie Briefe fälschte, um dritte Personen der von ihr begangenen Verbrechen schuldig erscheinen zu lassen, und die Aufforderung zur Begehung eines Mordes liegt darin, daß die Grete Beier ihren Geliebten Merker aufforderte, eine Frau Schlegel, eine unbequeme Belastungszeugin für die zuerst angeführten Straftaten, umzubringen.

Die Hebamme Kunze war der Beihilfe zum schweren Diebstahl und der Begünstigung und der Kaufmann Merker der Hehlerei beschuldigt. Grete Beier bekannte sich der ihr zur Last gelegten Verbrechen für schuldig, aber die Testamentsfälschung bestritt sie. Inständig bat sie das Gericht, wegen dieser Angelegenheit nicht weiter in sie zu dringen. Nicht sie, sondern eine ihr nahestehende Person, die sie aber niemals nennen werde, habe diese Fälschung begangen.

Die Hebamme Kunze war im wesentlichen geständig, der Grete Beier einen Nachschlüssel zur Kassette Kröners beschafft und das widerrechtlich erworbene Geld versteckt zu haben. Merker, der das gestohlene und durch Fälschungen erlangte Geld von der Grete erhalten hatte, bestreitet, gewußt zu haben, daß das Geld gestohlen war. Schwer belastend war für die Grete Beier ein während ihrer Untersuchungshaft aufgefangener Kassiber, der die Aufforderung zum Mord enthielt.«

»Kassiber: Kasiwe, Ksiwe, Ksiweel – vom jüdisch-deutschen *kossaw*, d. h. schreiben, in der Gaunersprache (Rotwelsch) Bezeichnung für geheime schriftliche Mitteilungen, die sich Gefangene untereinander oder einem Dritten zustecken, oder die Gefangenen von einem Dritten insgeheim zugesteckt werden. Sie enthalten meist Mitteilungen über Dinge, die den Gegenstand der Untersuchung oder die Straftat selbst betreffen. Die Gefangenen bedienen sich hierzu, außer des Papiers, namentlich der Speisegeschirre, Eimer, Bürsten, Schaufel, Kämme usw.«

MEYERS GROSSES KONVERSATIONSLEXIKON, 1903

»Die Beier schrieb in diesem an Merker gerichteten Kassiber, sie habe ihn (Merker) an Preßler (ihren ermordeten Bräutigam), der Merker zu schmähen gewagt habe, gerächt, und nun sei es an ihm, ihr zu helfen. Er könne dies am besten tun, daß er die Frau Schlegel in Narkose versetze, um sie dann bequemer erschießen zu können. Er müsse dabei aber sehr schlau zu Werke gehen, sich die Haare färbe und so umziehen, daß ihn niemand erkenne. Dann solle er der Toten einen Zettel beilegen, in dem sie sich schuldig erkennt, die Krönerschen Wertsachen gestohlen zu haben und die Grete Beier um Verzeihung bittet, wegen ihr unschuldig ins Gefängnis gekommen zu sein. Tue er dies, dann sei sie gerettet, wenn nicht, dann werde er sie nicht mehr wiedersehen. Er könne sie dann auf ihrem letzten Gange begleiten.

In der Verhandlung erklärte die Beier, sie müsse verrückt gewesen sein, als sie diesen Kassiber geschrieben habe. Weiter gab die Beier an, daß sie Merker stets habe Geld geben müssen, da dieser immer drohte, die Abtreibungen dem Referendar Preßler, dem Bruder ihres Bräutigams, mitzuteilen. Sie habe sich das Schweigen Merkers immer erkaufen müssen. Der neben ihr auf der Anklagebank sitzende Merker erklärt dies, erregt aufspringend, für eine Gemeinheit, was wieder die Beier zu sehr leidenschaftlichen Vorwürfen veranlaßt.

Auf einem weiteren aufgefangenen Kassiber schrieb

die Beier an Merker, die alte Schlegel müsse dran glauben. Ihr sei das ganz egal. Hier sei sich jeder selbst der nächste. Als ihr hier der Vorsitzende vorhielt, daß es doch ein schrecklicher Gedanke sein müsse, mit dem Bewußtsein, einen Menschen schon umgebracht zu haben, noch einen anderen zu dem gleichen Verbrechen zu verleiten, antwortete sie nichts.

Der Angeklagte Merker gab an, daß ihn Gretes Vaters, der Bürgermeister Beier, wenige Tage vor seinem Tode aufgefordert habe, eine Frau Flade aus Brand aus der Welt zu schaffen. (Wegen dieser Frau Flade drohte dem Bürgermeister eine Verurteilung wegen Meineids.) Er solle sie doch einmal aufs Feld hinaus locken oder auch gleich in der Stadt niederschießen. Merker erklärt hierbei, daß auch möglich sei, der Bürgermeister habe das im Fieber gesprochen. Als hierauf die Beier nochmals erklärte, daß sie niemals den Namen des Testamentfälschers nennen werde, führte der Verteidiger Dr. Knoll aus, daß ihm die Beier den Namen des Testamentfälschers genannt habe. Er müsse ihr Schweigen dazu billigen und freue sich darüber, denn das Schweigen spreche für den Charakter der Angeklagten.

Im weiteren Verlaufe der Verhandlung wurden die bei der Beier gefundenen, angeblich von ihrem Bräutigame Preßler, in Wirklichkeit aber von der Beier selbst geschriebenen Briefe verlesen, unter denen sich auch einer befindet, der den Preßler über ein von seiner Braut erhaltenes Darlehen von 4.000 Mk. quittiert (!).

Der als Zeuge vernommene Untersuchungsrichter Dr. Mangler gab Mitteilung über den Gang der Voruntersuchung. Der Grete Beier glaube er nicht, sie sei sehr verlogen, ebenso die Hebamme Kunze. Merker dagegen sei immer offen und ehrlich gewesen. Erst habe er zwar mit seinen Aussagen zurückgehalten, als er aber erfahren habe, daß die Beier außer ihm noch andere Liebhaber gehabt habe, sei er mitteilsamer geworden, und als Merker glaubte, er werde für den Mörder Preßlers gehalten, dann habe er Aussagen gemacht, die mit einem Schlage Licht in die Angelegenheit brachten. Von den übrigen sieben Zeugen wurden nur zwei vernommen, die aber nichts Wesentliches aussagen. Der Staatsanwalt stellte den Antrag, die Anklage wegen der Testamentsfälschung fallen zu lassen im Übrigen aber alle Schuldfragen zu bejahen.

Gegen 9 Uhr abends fällte das Gericht folgendes Urteil: Grete Beier wird bezüglich der Testamentsfälschung freigesprochen, im Übrigen wegen schweren Diebstahls, schwerer und leichter Urkundenfälschung sowie wegen erfolgloser Aufforderung zur Begehung eines Mordes zu 5 Jahren Zuchthaus, 8 Jahren Ehrenrechtsverlust und Zulässigkeit der Stellung unter Polizeiaufsicht verurteilt, 6 Monate werden durch die Untersuchung als verbüßt erachtet. Mildernde Umstände wurden versagt. Die Hebamme Kunze wurde wegen Beihilfe zum schweren Diebstahl und wegen Begünstigung zu 1 Jahr und 9 Monaten Gefängnis und der Kaufmann Merker wegen Hehlerei zu 4 Monaten Gefängnis verurteilt.«

IV. Der Sensationsprozess

»Grete Beier hat bei den Verhandlungen einfach und ungekünstelt, oft mit überraschend schönen, aber doch anscheinend niemals auf den Effekt abzielenden Redewendungen erzählt und beantwortet, was man sie fragte. Wer die Akten nicht kannte, mußte den Eindruck vollster Glaubwürdigkeit empfangen. Aber sie hat vorher so unendlich viel gelogen, im Großen und im Kleinen, sie hat in ihren Darstellungen so oft und immer und immer wieder gewechselt, sie hat so oft die stärksten Lügen mit Emphase als die reinste Wahrheit ausgegeben, daß ich persönlich die Ansicht vertreten muß: Es gibt kaum etwas in diesem Drama, von dem man sagen kann: So war es. Vor allem halte ich eine Feststellung der Motive im Falle Beier für ausgeschlossen. Man kann nur glauben oder nicht glauben. Ein Sicheres gibt es nicht. Grete behauptete, daß nichts als die Liebe zu Hans Merker die Triebfeder all ihres Tuns war, daß sie auch nur um seinetwillen, keineswegs aus Habsucht nach Kurt Preßlers Erbschaft langte. Ich meine: Dies ist nicht zu widerlegen. Man darf es glauben. Aber ebenso meine ich: Auch das Gegenteil kann wahr sein. Nicht einmal, daß sie Merker überhaupt liebte oder zu jener Zeit noch liebte, getraue ich mich mit Sicherheit für wahr zu halten. Daß einige ihrer Briefe eine Zärtlichkeit und eine Glut nur vortäuschen sollten, hat Grete selbst behauptet. Ob sie wahrhaft religiös war oder mit Frömmigkeit bis zum letzten Worte, ehe das Fallbeil fiel, nicht nur ein häßliches Spiel trieb, wer kann das wissen? Ich kann mich auch trotz des Gutachtens der Sachverständigen eines Restes von Zweifel an Gretes geistiger Gesundheit nicht erwehren. Und wenn ich im Interesse der Wissenschaft eines bedauere, so ist es dies, daß man zufolge des Gnadenaktes, der die Leiche der Mutter überließ, nicht das Gehirn der Täterin untersuchen durfte.«

FRITZ GLASER, RECHTSANWALT (1908)

Bereits im Vorfeld stieß der Mordprozess auf großes und überregionales Interesse. Er beginnt am 29. Juni 1908 und wird zu einer für die Kreisstadt Freiberg untypischen Sensation: »Unter ungeheurem Andrange wurde heute der Prozeß gegen die Bürgermeisterstochter Grete Beier vor dem Schwurgericht begonnen. Die Anklage, deren Tatbestand bekannt ist, lautet auf Mord, begangen an dem Oberingenieur Preßler, dem ehemaligen Verlobten der Beier, und auf Urkundenfälschung, die die Testamentsangelegenheit betrifft. Die Angeklagte sieht zwar bleich und angegriffen, aber doch gefaßt aus. Das Gericht bilden Landgerichtsdirektor Dr. Rudert als Vorsitzender und Landrichter Gebhardt und Assessor Vieweg als Beisitzer. Die Anklage vertritt Staatsanwalt Dr. Mannl, während der Dresdner Landrichter a. D. Dr. Knoll die Verteidigung übernommen hat.

Nach der Vereidigung der Geschworenen ermahnt der Vorsitzende vor der Feststellung der Personalien die Angeklagte: ›... Sie werden schon von Ihrem Verteidiger gehört haben, daß es gerade in Ihrem eigenen Interesse das Beste ist, wenn Sie hier die volle Wahrheit sagen. Sie glauben nicht, wie Sie sich andernfalls schaden können ...‹

Es folgt nun die Feststellung der Personalien, dann die Verlesung der Anklageschrift. Dann tritt der Vorsitzende in die eigentliche Verhandlung ein. Er fordert von der Angeklagten ein offenes Bekenntnis. Die Beier verweist auf ein von ihr verfaßtes Schriftstück, das die volle ungeschminkte Wahrheit enthalten soll. Der Vorsitzende meint, damit könne man nichts anfangen, es könne die mündliche Aussage an dieser Stelle nicht ersetzen.

Nach einigen weitern Vorhaltungen kommt das Geständnis von ihren Lippen, erst stückweise, dann in einzelnen kurzen, abgerissenen Sätzen und dann immer fließender, offenbar gut eingelernt, denn selbst bei den kleinsten Einzelheiten von Vorgängen, die

fünf oder mehrere Jahre zurückliegen, zeigt die Angeklagte ein scharfes Gedächtnis. Sie beginnt mit allerhand Episoden aus ihrer Kindheit. Dann kommt die
erste Tanzstundenbekanntschaft mit einem gewissen
Oelsner, die anfangs eine Tändelei war, später aber
sehr intim wurde, denn ihr Liebhaber hat nicht weniger als 367 Briefe an sie gerichtet. Das nahm aber
ein plötzliches Ende, als die Beier auf einem Masken-
ball des Kaufmännischen Vereins in ihrer Stadt den
Merker kennenlernte, dessen Persönlichkeit in ihrem
Leben eine so verhängnisvolle Rolle gespielt hat.

›Zu Merker‹, sagt die Angeklagte, ›fühlte ich mich
sofort unwiderstehlich hingezogen. Es war eben Liebe
auf den ersten Blick. Wir telephonierten und schrieben
uns täglich und kamen oft zusammen. Auch der intime
Verkehr blieb nicht aus. Merker sagte mir oft, daß er
ganz allein stehe, und ich fühlte nicht nur Liebe, sondern auch Mitleid für ihn. Ja, als ich nun in der Kirche eine Predigt über das Evangelium vom verlorenen
Sohn hörte, fühlte ich es gewissermaßen als meine Le-
bensaufgabe, ihn zu retten. Es war ein sehr glückliches,
ganz ideales Verhältnis … Ich bin nämlich gar nicht so
schlecht, wie es jetzt vielleicht den Anschein hat, ich
bin vielmehr eigentlich sehr religiös veranlagt …‹

Merker, der eine sehr wenig wünschenswerte Bekanntschaft gewesen zu sein scheint, klammert sich
dann an sie, obwohl ihre Eltern den beiden Schwierig-
keiten bereiteten. Nach einigen kleinen Einwendungen
des Vorsitzenden über gewisse abweichende Angaben
betreffend den geschlechtlichen Verkehr mit Merker
kommt die Angeklagte mit großer Weitschweifigkeit
auf ihre Verlobung mit dem Oberingenieur Preßler,
der ihren rätselhaften Gelüsten später zum Opfer fiel.

›Die Verlobung war nicht nach meinem Herzen‹,
sagt die Beier, ›sie war ein Werk des Zufalls, ja fast

eine Verwechslung. Ich sah an dem darauffolgenden Morgen alles grau in grau und war jedenfalls keine glückliche Braut. Immerhin gewöhnte ich mich an Preßler, in der Hoffnung, daß er mir eine Gelegenheit bieten könne, mich selbständig zu machen. Aber als Preßler später seine liebenswürdige Maske fallen ließ, fühlte ich mich erneut abgestoßen ...‹

Es kommt dann das Drängen auf Heirat, Differenzen über die Mitgift, kleinliche Streitigkeiten beim Wohnungssuchen, und so bekam die Braut Furcht vor der Ehe. Aber trotzdem wurde das Verhältnis nicht abgebrochen, da die Eltern vermittelten. Schließlich gewann die Neigung zu Merker doch die Oberhand. Auf einer in Gemeinschaft mit den Eltern ausgeführten Reise kam es zu einem erneuten Bruch, dann zu abermaligen Annäherungsversuchen und so fort, bis die Eltern die Einwilligung zu diesem Schritte gaben. Von diesem Augenblicke an habe sie sich wahrhaft frei gefühlt. Als aber die Eltern von ihrem Zustande erfuhren, legte die Mutter ihr nahe, sich Preßler preiszugeben und ihn dann zu heiraten. Das aber tat sie nicht.

Es folgte die Abtreibung der Leibesfrucht, derentwegen die Beier und andere Personen bereits verurteilt worden sind, sowie daran anschließende Auseinandersetzungen mit Merker, der die Sache zur Kenntnis ihres Vaters brachte. Dieser wiederum drohte mit Anzeige, wurde aber mit Zureden und allerhand Ausflüchten beschwichtigt. Da die Angeklagte den wiederholten Aufforderungen, die Wahrheit über die Beteiligten an diesen Vorgängen zu sagen, keine Folge leistete, unterbricht der Präsident die Sitzung auf 10 Minuten.

Nach der Wiederaufnahme der Sitzung beginnt die Angeklagte von den Ereignissen zu erzählen, die der

Ermordung Preßlers unmittelbar voraufgingen. Nach verschiedentlichem Briefwechsel soll dann in persönlicher Zusammenkunft ein Abkommen getroffen worden sein, daß zwar die Verlobung aufgehoben worden sei, die beiden aber als Freunde weiter verkehren wollten. Das war vor Weihnachten 1906. Preßler schien aber die Hoffnung nicht ganz verloren zu haben und wurde wieder angelockt durch Briefe, die die Beier auf Veranlassung und mit Hilfe ihrer Mutter an Preßler schrieb. Das Weihnachtsfest verlebten sowohl Preßler wie Merker mit der Familie Beier, Merker als der bevorzugte und erhörte Liebhaber, trotzdem aber im Zustande heftiger Eifersucht, die zu erregten Szenen bei nächtlichen Zusammenkünften führte. In dieser Zeit kaufte die Beier sich einen Revolver – angeblich, um sich selbst zu töten, weil sie das Leben unter den fortwährenden Drohungen Merkers und den Vorwürfen ihrer Eltern nicht länger ertragen konnte. Der Revolver sollte nicht elegant sein, aber möglichst sicher und geräuschlos. Der Vater jedoch fing die Waffe ab und schickte sie zurück. Auch der Revolver des Vaters wurde ihr vorenthalten. Es folgen nun ausführliche Mitteilungen über die Gespräche mit Merker, kleine Reisen, Heiratspläne, wobei immer wieder die Drohung Merkers in den Vordergrund tritt, daß er, falls sie nicht ›Schluß‹ mache mit Preßler‹, die Abtreibung bei der Staatanwaltschaft denunzieren werde. Die Angeklagte gibt dann auf fortwährendes Befragen des Vorsitzenden Zug um Zug zu, wie der Mordplan in ihr gereift sei, wie sie – mit dem Plan im Herzen – noch nach Leipzig reiste, um Silber für den angeblich zu gründenden Haushalt zu kaufen. Nach einigen weiteren Ausführungen der Angeklagten wird die Verhandlung abgebrochen. Der Vorsitzende ruft zunächst die Zeugen auf und bestellt sie auf Dienstag, vormittags.

In der Nachmittagssitzung fährt die Angeklagte in ihrer Erzählung fort. ›Als ich aus Leipzig zurückkehrte, fand ich zwei Briefe von Merker vor, in denen dieser damit drohte, daß er vorgehen werde, falls sie nicht alsbald ein Ende mit dem Verhältnis zu Preßler mache. Gleichzeitig hatte ich Gelegenheit, meinem Vater aus einem Schranke einen der Revolver zu entwenden, die von Amts wegen Selbstmördern weggenommen worden waren. Zu derselben Zeit besuchte ich Preßler, der in Chemnitz inzwischen eine neue Wohnung genommen hatte, und es gelang mir, ein Fläschchen zu entwenden, auf dem drei Kreuze angebracht waren und das mir deshalb für meine Absichten vorteilhaft erschien.‹

Vors.: Sie hatten keine Kenntnis, daß das Cyankali war?

Angekl.: Das und alles nähere erfuhr ich erst aus einem Lexikon.

Vors.: Inzwischen schrieben Sie an Merker verschiedene Briefe, in denen es u. a. heißt: ›Wenn alles vorüber ist, wird uns ein ungestörtes friedliches Glück blühen.‹ Das bezog sich auf die Ermordung Preßlers?

Angekl.: Ja, ich kämpfte damals noch gegen diesen Plan.

Vors.: Jedenfalls trieben Sie Ihr Doppelspiel mit den beiden Herren weiter?

Angekl.: Ja.

Es werden dann die einzelnen bekannten Vorgänge erörtert, die zur Verurteilung Merkers wegen Wechselfälschung und Unterschlagung führten. Aus diesen Erörterungen geht wieder hervor, daß Merker in seiner chronischen Geldnot fortwährend die Angeklagte mit Drohungen verfolgt haben soll, doch sind auch hierüber die Angaben nicht übereinstimmend mit früheren Aussagen. Die Beier nahm sich den erwähnten

Revolver und einige Stückchen, etwa einen Fingerhut voll, Cyankali mit. Die Patronen kaufte sie in Freiberg. Ihre Bekannten, die sie von der Reise in Kenntnis gesetzt hatte, suchten sie zu Hause bezw. in Freiberg zu halten, weil sie die Unterredung mit der angeklagten Italienerin fürchteten. In Chemnitz wurde sie am Bahnhofe von Preßler empfangen. Die beiden gingen in P.s Wohnung, wo ihr Bräutigam besonders zärtlich zu ihr war. Sie tranken zusammen Kaffee, wobei sie noch keine Gelegenheit hatte, ihrem Opfer das Gift beizubringen. Dann soll P. versucht haben, sie durch Alkohol seinen Wünschen gefügiger zu machen. Sie habe sich aber geweigert, etwas zu nehmen, worauf er sie bat, ihm etwas Eierkognak einzuschenken. Das wurde ihm zum Verhängnis, denn hierbei gelang es ihr, das Gift in das Glas zu bringen, ohne daß P. es merkte. Dabei habe sie in der Eile beinah den Teelöffel abgeleckt, sich aber noch rechtzeitig besonnen und ihn an dem Unterrock abgewischt. ›Noch gab ich es ihm nicht‹, fährt die Mörderin fort, ›aber als er versuchte, mich auf seinen Schoß zu ziehen und mit lüsternen Blicken bat, ihn endlich glücklich zu machen, da wir ja doch bald heirateten, erfaßte mich ein solcher Ekel vor ihm, daß ich ihm das Glas reichte. Er nahm es, trank es auf einen Zug aus und sank sofort leblos zurück in seinen Sessel. Da ich fürchtete, daß er noch nicht ganz tot sei, schoß ich ihm noch eine Kugel in den Mund. Den ‚kleinen Veronibrief‘ ließ ich dann auf dem Schreibtisch zurück, während ich den andern Brief, der an mich selbst adressiert war, auf dem Bahnhof einsteckte, ehe ich wieder nach Hause fuhr. In Freiberg fand ich vergnügte Gesellschaft, und da ich inzwischen ruhiger geworden war, telephonierte ich nach Hause, ich würde erst später kommen. Zu Hause verheimlichte ich erst den ganzen Chemnitzer

Aufenthalt. Ich schlief erst nicht ein, aber dann schlief ich sehr fest.‹

Durch ihr Lügengewebe hatte sich die Beier selbst verraten. Erst traten die aus früheren Berichten bekannten Quittungsfälschungen zutage, die zur Verhaftung und späteren Verurteilung führten. Aus dem Gefängnisse heraus erfolgte durch Kassiber die fruchtlose Aufforderung an Merker, eine Person zu ermorden, die ihr, der Beier, im Wege stand, nachdem sie selbst ihn an seinem Peiniger, dem Preßler, gerächt habe. So kommen die ersten Verdachtsgründe für jene Schreckenstat zur Kenntnis der Behörde.

›Solltest du meinen Wunsch nicht erfüllen‹, schrieb die Beier damals, ›so kannst du mich, wenn die Glocken zur Kirche läuten, auf meinem letzten Gange begleiten … Wer viel geliebt hat, dem wird viel vergeben werden …‹ Die Beier will damals den Vorsatz gehabt haben, sich mit einer Schere die Pulsadern aufzuschneiden, aber es blieb bei dem Vorsatz, und der Untersuchungsrichter, einmal auf der Spur des Verbrechens, entlockte ihr Zug um Zug die entsetzlichen Einzelheiten.

Damit war die Vernehmung der Angeklagten beendet. Nach Verlesung zahlreicher Briefe wurde die Verhandlung auf Dienstag vertagt.«

Über den zweiten Verhandlungstag wird in der *Leipziger Volkszeitung* berichtet: »Heute gelangen zunächst zahlreiche für diesen Prozeß in Frage kommende Briefe und Schriftstücke zur Verlesung. In einem Brief von Anfang Dezember 1906 schreibt Grete Beier u.a.: ›Weißt du, Schatz, der Gedanke, meinem Vater – meine Mutter kommt nicht in Betracht, denn sie steht meinem Herzen ziemlich fern – einen Kummer zu bereiten, kann mich förmlich wahnsinnig machen, wenn er erfahren würde, was sein einziges Kind für ein verworfenes Geschöpf ist. Er wird denken, wäre sie doch lieber gestorben, denn dann könnte ich sie wenigstens noch achten. Auch du, Hans, kannst mich nicht mehr achten. Ich habe es selbst schon gefühlt, daß ich ein leichtsinniges, gewissenloses und gewöhnliches Mädchen bin, nicht besser als die erste Beste. Aber eine Entschuldigung gibt es für mich: Was ich tat, geschah aus Liebe zu Dir. Ich bin sehr verzweifelt, da meine eigene Mutter mir drohte, mich auf die Straße zu setzen.‹

In einem 12 Seiten langen Briefe vom 5. Dezember an Grete Beier löst Preßler die Verlobung. Er zeichnet darin in kurzen Umrissen sein Ideal einer Frau und eines Familienlebens, das Grete Beier in keiner Weise erreiche. Er rechnet es ihrer Jugend und geringen Weltkenntnis zugute, wenn sie kein Verhältnis für das habe, was sie ihm angetan habe. Er bricht am Schlusse des Briefes in die verzweifelten Worte aus: ›Hätte ich dich nicht geliebt, so hätte ich nicht den Glauben an die Menschheit verloren!‹

In einem Brief an Merker schreibt Grete Beier u. a., daß sie den Verkehr mit Preßler jetzt anfange, von der humoristischen Seite zu nehmen. In einem anderen Briefe finden sich Wendungen wie ›Sein Ehrenwort soll man zwar halten, aber in Liebessachen ist das etwas anderes‹ und weiter: ›Die Gesetze sind dazu da, um umgangen zu werden. Liebe macht erfinderisch‹ usw.

Von besonderem Interesse sind die von der Beier fingierten sogenannten Veronibriefe. Ein Brief, den Grete Beier am Tage vor dem Morde geschrieben und nach vollbrachter Tat auf dem Schreibtische Preßlers niedergelegt hatte, lautet: ›Chemnitz, 12. Mai. Hierdurch teile ich mit, daß ich wieder in Chemnitz eingetroffen bin. Ich habe deiner armen Braut alles geschrieben, denn ich kann den Betrug nicht länger ansehen. Es ist eine reine Schande, die Frau eines solchen Mannes zu sein. Ein Glück nur, daß es niemand weiß. Du bist doch ein ganz erbärmlicher, feiger Schuft. Wenn du nicht nach Brand fährst und die Wahrheit sagst, fahre ich hin und erzähle allen Deine Schlechtigkeiten. Ich kenne Deine Braut noch nicht, aber ich habe gehört, daß sie ein Engel voller Liebe und Güte ist. Du hast geglaubt, ich bin so dumm und bleibe immer in Italien. Aber ich habe Dich von Anfang an beobachtet und nur jetzt auf die Hochzeit gewartet. Deine ‚Ehegattin‘ Leonore Preßler, geb. Veroni.‹

Vors.: Dieser Brief ist doch geradezu etwas Unerhörtes. Um einen Selbstmord glaubhaft zu machen, legen Sie diesen Schwindelbrief auf den Schreibtisch des Mannes, den Sie wenige Minuten vorher erschossen haben. Können Sie irgendetwas dazu angeben?

Die Angeklagte schweigt.

Den zweiten Veronibrief, den die Angeklagte an sich adressierte und den sie nach der Ermordung Preßlers in Chemnitz zur Post brachte, lautet: ›Sehr geehrtes Fräulein! Als rechtmäßige Gattin Preßlers fühle ich mich verpflichtet, Ihnen die volle Wahrheit zu schildern, da ich der elenden Schurkerei endlich ein Ziel setzen will. Ich war die Tochter eines kleinen italienischen Staatsbeamten. Meine Mutter war eine Deutsche und wohnte in Riva am schönen Gardasee, wo sie sich mit meiner bildhübschen Schwester aufhielt. Dort lernten wir Preßler kennen. Er ging meiner Schwester nach und knüpfte Beziehungen mit ihr an, die nicht ohne Folgen blieben. Da Preßler meine Schwester von sich stieß, nahm sie sich das so zu Herzen, daß sie an einem Morgen mit durchschossenem Munde und Kopfe am Ufer des Sees gefunden wurde. Nur ich wußte, was vorgegangen war, nur ich kannte den erbärmlichen Kerl. Lediglich das Gefühl der Rache beseelte mich. Nachdem ich die Zustimmung meiner Eltern erlangt hatte, gelang es mir, Preßler durch Drohungen zur Heirat zu bewegen. Er wurde mir nach katholischem Ritus angetraut, d. h. die Ehe wurde unlöslich geschlossen. Ich hatte niemals Gemeinschaft mit ihm, er sollte nur an mich gebunden sein. Er schickte mir alljährlich Geld, wofür ich ihm das Versprechen geben mußte, nicht nach Chemnitz zu kommen. Ich besorgte mir aber einen Detektiv, der ihn beobachtete. Mein ‚Gatte‘ lebt in Chemnitz mit seiner Wirtin und deren Tochter in ungestörter wilder Ehe. Er hat in Zwickau zwei Kinder abgeschworen. Dann verlobte er sich mit Ihnen. Er weiß jetzt, daß ich in Chemnitz bin und ist daher der Verzweiflung nahe. Nur ein Weg bleibt ihm: denselben Tod zu suchen, den meine arme Schwester gefunden hat. Danken Sie Gott, daß Sie diesen Mann loswerden! Er ist durch seinen leichtfertigen Lebenswandel auch gefährlich krank. Es ist überhaupt eine außerordentliche Frechheit von ihm, sich mit Ihnen zu verloben, wo ihm das Zuchthaus sicher ist. Sie werden mich nicht mehr sehen, denn wenn diese Zeilen in Ihre Hände gelangen, bin ich wieder im Auslande. Meine Mission in Deutschland ist erfüllt, vielleicht sehen wir uns einmal in Italien. Ihre ergebene Leonore Preßler.‹

Hierauf wird das gefälschte Testament Preßlers verlesen. Dann gelangt der Brief zur Verlesung, den Grete Beier an den Briefkasten des *Freiberger Anzeigers* gerichtet hat, und in dem sie anfragt, wie ein Bräutigam seine Braut im Testament bedenken könne. Die Anfrage war unterzeichnet Alexander Hermsdorf. Worte glühender Liebe für Merker und Verachtung für Preßler zeigen sich in vielen Briefen der Beier, die sodann zur Verlesung kommen.

Hierauf wird in die Zeugenvernehmung eingetreten. Zeuge Ingenieur Herzog (Chemnitz) war der intimste Freund des ermordeten Preßler. Er schildert Preßler als einen noblen Charakter. – Zeuge Ingenieur Lippe (Chemnitz) schildert Preßler als einen verschlossenen und komplizierten Charakter, der aber von glühender Liebe für seine Braut erfüllt war. – Zeuge Oberwachtmeister Schirka (Chemnitz) wurde als erster Polizeibeamter an die Leiche Preßlers gerufen. Preßler hatte eine Binde um die Augen, der Mund stand offen, hinten waren zwei Schußwunden zu sehen. – Auf dem Tisch lag ein verschlossener Brief an Frl. Grete Beier und ein offener Brief von der angeblichen Italienerin Veroni. ›Mir kam die Sache romanhaft vor, aber alle Umstände sprachen für einen Selbstmord. Ich glaubte, daß der Brief der Italienerin zu einer Auseinandersetzung mit der Braut geführt und daß Preßler den letzten Ausweg, den Selbstmord, gewählt habe.‹ Grete Beier war nämlich am 18. Mai mit Preßler in Chemnitz gesehen worden. – Zeugin Frau Möser (Chemnitz) hat Preßler mit seiner Braut am Nachmittag des 18. Mai in seine Wohnung hinaufgehen sehen. Preßler habe freundlich gegrüßt, die Braut nicht. Zeugin nahm an, daß die Brautleute sich etwas gezankt, sich aber bald wieder versöhnt hätten. – Kurz darauf fiel ein Schuß, dem man jedoch nicht nachging, weil man glaubte, er sei auf der Straße gewesen.

Nach der Pause wird die Zeugin Witwe Kleinbeckes, geb. Preßler, die Schwester des Ermordeten, vernommen. Von ihr hat sich Preßler zu photographischen Zwecken Cyankali geben lassen. Zeugin hat sofort an der Echtheit des Testaments gezweifelt. – Zeuge Assessor Preßler, der Bruder des Ermordeten, ist jetzt in Hirschberg (Schlesien) tätig. Er macht eingehende Bekundungen über die Vermittlungtätigkeit bei den wiederholten Zwistigkeiten zwischen seinem Bruder und Grete Beier. – Zeugin Damenschneiderin Türk (Chemnitz) war vom Jahre 1899 bis 1907 die Wirtin Preßlers. Sie nennt ihn einen guten, rechtschaffenen Menschen. Eines Tages, als Preßler verreist war, kam Merker zu ihr und sagte, die Grete würde nie und nimmer den Preßler heiraten, und die Aussteuer sei auch nicht für Preßler, sondern für ihn, Merker, bestimmt. Ferner habe ihm Merker Liebesbriefe und Depeschen der Grete Beier gezeigt. Am späten Abend sei Preßler zurückgekommen. Zeugin habe ihn von dem Vorgefallenen Mitteilung gemacht. Preßler wollte es nicht glauben, Zeugin habe aber gesagt, die Grete scheine eine Dirne zu sein. Die Geschichte mit der Veroni, die Zeugin in dem Briefe Merkers gelesen hatte, bezeichnete Preßler als Blödsinn. Als Zeugin von der Erschießung Preßlers erfuhr, glaubte sie zuerst an die Täterschaft Merkers. Frau Beier tat nach dem Tode Preßlers die Aeußerung: ›Das wird wohl die Türk getan haben, die die Brautleute nicht glücklich sehen konnte.‹

Vors.: Sie haben eine Nichte?

Zeugin: Ja.

Vors.: Hat Preßler sich nicht für Ihre Nichte interessiert?

Zeugin: Er hat ihr früher einmal die Ehe versprochen, aber ich habe gesagt, das geht nicht, wir sind aus einfachen Stande. Preßler blieb nach wie vor recht freundschaftlich zu meiner Nichte, aber zu irgendwelchen unlauteren Beziehungen zwischen den beiden ist es nicht gekommen.

Vors.: Wissen Sie irgendetwas über ein Verhältnis Preßlers mit einer verheirateten Frau in Dresden?

Zeugin: Preßler bekam häufig Briefe aus Dresden und sagte, daß er früher, bevor er zu mir gezogen war, Freundschaft mit einer Dresdner Frau unterhalten habe.

Vert. Dr. Knoll: Sie haben vergessen anzugeben, daß Sie nach Brand gefahren sind und dort erzählt haben, Preßler habe mit einer Frau in Dresden ein Verhältnis. Weshalb haben Sie das getan?

Zeugin: Das war zur Zeit der Rheinreise, ich wollte endlich Gewißheit haben, wann die Hochzeit sein sollte, damit ich über die Wohnung verfügen konnte.

Vert. Dr. Knoll: Zu diesem Zwecke brauchten Sie doch der Mutter der Angeklagten nicht das Verhältnis zu verraten. Ich glaube, Sie haben die Heirat hintertreiben wollen.

Unter allgemeiner Spannung wird hierauf der Liebhaber der Angeklagten, Kaufmann Hans Merker, als Zeuge aufgerufen. Er verbüßt gegenwärtig eine kürzlich über ihn verhängte zweijährige Gefängnisstrafe. Merker schildert ausführlich sein Verhältnis zur Beier.

Vors.: Ist es richtig, daß die Angeklagte Sie durch einen Kassiber zur Ermordung der Schlegel anstiften wollte?

Zeuge: Ja, ich kann meinen früheren Mitteilungen noch das Neue hinzufügen, daß auf einem Kassiber auch die Worte standen: ›Wenn ich draußen wäre, würde es gehen.‹

Vors.: Das ist allerdings neu. Die Angeklagte sagte, sie hätte wegen der Abtreibung in ständiger Angst und Furcht vor Ihnen gelebt, da Sie sie jeden Tag hätten anzeigen können.

Zeuge: Ich würde Grete nie angezeigt haben, ich glaube, den Schlüssel zu all ihren Handlungen gefunden zu haben. Sie ist von einer kolossalen Sinnlichkeit und hat auch unseren Verkehr nur als einen solchen niedrigster Art aufgefaßt. Ich habe immer auf Verlobung oder Trennung gedrängt. Hätte Grete mich rechtzeitig mit Preßler zusammenkommen lassen, so wäre alles anders gekommen. Sie wäre nicht hier, ich wäre nicht im Gefängnis, und Preßler wäre heute ein glücklicher Mensch.

Vert.: Ich will mich ja so wenig wie möglich mit dieser Aussage beschäftigen, weil ich sonst glaubte, ihr einen großen Wert beizulegen. Sie sagen, daß Grete Beier Sie verführt habe. Halten Sie das aufrecht?

Zeuge: Ja.

Vert.: Das mag glauben, wer will. Wenn Sie weiter an dem Kassiber Anstoß nahmen, so daß Sie die Kassiber der Gefängnisverwaltung zur Verfügung stellten, wer in aller Welt zwang Sie denn dazu, diese Kassiber zu beantworten?

Zeuge: Ich hatte immer noch Zuneigung zu Grete, und es wurde mir schwer, gegen sie auszusagen. Noch als ich hierher transportiert wurde, schwankte ich.

Vert.: Ich will nur noch fragen, was Sie mit dem Gelde gemacht haben, das Grete Ihnen gegeben hat?

Zeuge: Sie denken wohl, daß ich es mit Weibern verjubelt habe. Das ist nicht richtig, ich habe es so angelegt, daß es mir später vielleicht von Nutzen sein kann.

Angekl.: Ich möchte zu dieser Aussage nichts sagen.

Damit ist die Vernehmung Merkers beendet. Es folgt die Vernehmung der Sachverständigen Dr. Nehrlich aus Hochweitzschen und Sanitätsrat Dr. Rittholz. Sie kommen zu dem Schlusse, daß die Angeklagte nicht erblich belastet und geistig gesund sei. Darauf wurde auf weitere Zeugen verzichtet. Es folgen die Plädoyers.«

Noch unter dem Prozessbericht kann der Interessierte lesen: »Das Urteil gegen die Bürgermeisterstochter Grete Beier wurde gegen Mitternacht gefällt. Die Angeklagte wurde wegen Mordes zum Tode und wegen schwerer Urkundenfälschung zu der höchstzulässigen Strafe unter Einrechnung der bereits erkannten drei Jahre Zuchthaus zu acht Jahren Zuchthaus verurteilt.

Außerdem wurde auf dauernden Verlust der bürgerlichen Ehrenrechte und Tragung der Kosten erkannt. Die Beier nahm das Urteil ruhig und gefaßt entgegen. Nachdem sie einige Worte mit ihrem Verteidiger gewechselt hatte, ließ sie sich ruhig abführen.«

Der Verteidiger der Grete Beier, Landrichter a. D. und Rechtsanwalt Dr. Knoll »wird keine Revision gegen das Urteil einlegen, dagegen wird er ein Gnadengesuch einreichen. Acht der Geschworenen hatten sich schon im Geschworenenzimmer entschlossen, ein Gnadengesuch einzureichen, da das aber gesetzlich nicht zulässig ist, haben sie sich einstimmig bereit erklärt, das Gnadengesuch des Verteidigers zu befürworten.«

V. Vollstreckung

»Zwei Tage vor der Hinrichtung traf die Mutter der Mörderin, Frau Bürgermeister Beier, die eine zweijährige Zuchthausstrafe in Waldheim verbüßte, in später Nachmittagsstunde in Begleitung von zwei Gefängnisbeamten im Freiberger Gerichtsgebäude ein. Sie wurde zu ihrer Tochter in die Zelle geführt. Der Abschied zwischen Mutter und Tochter war herzzerreißend.«

HUGO FRIEDLÄNDER: PROZESS GRETE BEIER WEGEN ERMORDUNG IHRES BRÄUTIGAMS VON DEM SCHWURGERICHT ZU FREIBERG I. SA. (1908)

Hinrichtungen waren seit je Spektakel und wurden bis Ende des 19. Jahrhunderts in Deutschland auf öffentlichen Plätzen vollstreckt. Zeitgenössische Darstellungen beweisen, Zuschauer sahen in Massen zu. 1853 richtete man erstmals in Sachsen mit der

Guillotine. »Sie spüren nicht den leisesten Schmerz, höchstens einen ganz kurzen Hauch über dem Nacken«, hatte Dr. Joseph-Ignace Guillotin die von ihm erdachte Weiterentwicklung des Fallbeils vorgestellt. Die aus humanitären Gründen neu erfundene Köpfmaschine war ein Instrument, »das im wesentlichen aus zwei Teilen bestand: einem Kippbrett, auf dem der Verurteilte festgeschnallt wurde, und einem etwa fünf Meter hohen Gerüst, von dem das scharf geschliffene Fallbeil, von zwei seitlichen Schienen geführt, herabfiel und den Nacken des Verurteilten mit absoluter Genauigkeit traf. Das Kippbrett war beweglich. Der Delinquent wurde in der Regel aufrecht stehend daran festgegurtet und anschließend in waagerechte Position genau unter das Fallbeil geschwenkt. Der Kopf wurde dann noch mit einer Art Halsgeige festgehalten. Die Hinrichtung mit dem Fallbeil dauerte meist nur ein paar Minuten. Die Verurteilten hatten keine langen Todesqualen mehr zu erleiden, denn die Maschine funktionierte im wahrsten Sinne des Wortes mit tödlicher Sicherheit.«

Nun musste sich die 22-jährigen Grete Beier unters Fallbeil legen. Es war die letzte öffentliche Hinrichtung einer Frau in Sachsen, und ihr Kopfabschlagen entfachte erneut die Diskussionen über des Henkers blutiges Handwerk: »Noch ein Wort über die Art unserer Todesstrafe – die Enthauptung. Gewiß kommt der Henker bei uns nicht mehr in dem schrecklichen roten Gewande, mit dem Schwerte oder Beile ausgerüstet. Aber noch immer fließen Ströme von Blut, es ist ein grauenvoller Akt und unermeßliches Grauen muß den Verurteilten erfüllen, der Stunde um Stunde den Augenblick herannahen sieht, in dem er das Eisen niederrollen hört, in dem er – falls er überhaupt noch eines Gedanken fähig ist – sich sagen muß: In der nächsten Sekunde ist der Kopf vom Rumpfe getrennt.« Grete Beiers Sensationsprozess und Hinrichtung bestimmten die Schlagzeilen, nicht nur die des Boulevards. Ganz Sachsen sprach über »die schöne Mörderin«, ganz Deutschland nahm an ihrem Schicksal Anteil, ganz Europa diskutierte über die an ihr zu vollstreckende Todesstrafe.

»Man hielt es nicht für möglich, daß die Beier mit gesunden Sinnen gehandelt habe. Es wird aber keine Spur von geistigem Mangel an ihr gefunden, sie ist auch nicht hysterisch oder neurasthenisch, im Gegenteil, sie ist kerngesund, hervorragend begabt und ein Verstandsmensch wie wenige. Durfte in diesem Falle wirklich ein Gnadenakt erwartet werden? Um ein Weib handelt es sich, und seit 1852 sind an Frauen in Sachsen keine Todesurteile vollstreckt worden. Aber ein gleichschlimmer Mord durch ein Weib ist inzwischen im Lande auch nie dagewesen.

Der Verteidiger wollte die Geschworenen glauben machen, daß die Beier bei der Tötung ohne Überlegung gehandelt habe. Das war ganz gewiß unbegründet. Man braucht nur an den Inhalt des Beutels mit Cyankali und Pistole zu denken. Dann hat der Verteidiger gesagt, die Beier sei ein Opfer der Umstände geworden. Natürlich, zum Zeitvertreib hat sie nicht den Bräutigam ermordet. Jeder Mörder hat aus seiner Umgebung und Lage heraus Gründe zu der Tat, und die Ursachen können die Tat mehr oder weniger verzeihlich erscheinen lassen. Bei der Beier erscheinen aber die Gründe nichts weniger als einigermaßen ihr Tun rechtfertigend oder gar zwingend für die schwere Tat. Klug wie sie war, konnte sie um ein Mittel, das Verhältnis zu dem gehaßten Bräutigam endgültig zu lösen, nicht verlegen sein. Warum ihn töten? Und was nötigte sie, mit dem Morde zugleich das (nicht eben große) Vermögen des Ermordeten an sich bringen zu wollen? Der Raubmörder wendet Gewalt an, sie tut es mit List. Kein Mittel ist ihr unerlaubt, ob verbrecherisch oder nicht. Revision hat der Verteidiger nicht eingelegt. Sie hätte ja auch verworfen werden müssen, wenn keine formellen Mängel geltend gemacht werden konnten. Hätte die Revision nur allenfalls von Erfolg sein können, so wäre sie wohl auch eingelegt worden. So unvorsichtig ist kein Verteidiger, und war nicht der gewiegte Verteidiger der Beier, daß er von der Revision absah, weil er fest auf einen Gnadenakt baute? Die Geschworenen haben das Gnadengesuch des Verteidigers mit unterschrieben. Je schwerer das Urteil, desto leichter sind die Geschworenen geneigt, für Gnade einzutreten.

Im Falle der Beier um so mehr, als es sich um eine Frau handelte und diese in der Hauptverhandlung äußerlich einen angenehmen, man sagt sogar, einen ausgezeichneten Eindruck gemacht hatte. Sie hatte sich wie eine echte Dame benommen. Sie hat auch anderen gegenüber ein Wesen gezeigt, das außerordentlich zu ihren Gunsten einnahm: dem sie beobachtenden Arzt, den Wärterinnen in der Irrenanstalt usw. gegenüber. Das häßliche und gräßliche ihrer Taten wird dadurch nur nicht wettgemacht. Gewiß fordert die Befürwortung eines Gnadengesuchs durch Geschworene zu der allersorgfältigsten Prüfung heraus. Aber bindend und durchschlagend ist sie doch nicht.

Davon, daß der Beier ihre umfassenden Geständnisse durch falsche Vorspiegelungen entlockt worden seien, insbesondere durch die Vorspiegelung eines künftigen Gnadenaktes, kann keine Rede sein. Zwar soll in der Hauptverhandlung der Vorsitzende zur Beier gesagt haben, sie werde ihre Lage vor ihren Richtern durch ein offenes Geständnis verbessern. Allein sie hatte schon zuvor in der Voruntersuchung alles genau so gestanden, wie sie es in der Hauptverhandlung wiederholt hat, und ihre früheren Geständnisse hätten nach der Strafprozessordnung in der Hauptverhandlung verlesen werden können, wenn sie davon zurückgetreten wäre. Auf einen Gnadenakt hat also der Vorsitzende mit seinen Worten sicherlich nicht hinzielen wollen, auch deshalb nicht, weil den Richtern streng verboten ist, in dem Verbrecher irgendeine Hoffnung auf Begnadigung zu erwecken.

Dem König ist über den Mordfall und das Gnadengesuch, wie in den Zeitungen schon berichtet worden ist, ausschließlich von dem Justizministerium, sowohl schriftlich wie mündlich, Vortrag erstattet worden. Vor und während der Hauptverhandlung war über die Taten der Beier alles gleichmäßig von Abscheu und Grauen erfüllt. Nach der Verurteilung gewann dagegen – eine regelmäßige Erscheinung in Kapitalsachen – das Mitleid mit der Verurteilten die Oberhand. Die grundsätzlichen Gegner der Todesstrafe forderten, zum Teil in fast herrischer Weise, einen Gnadenakt, und verwirrten nach Kräften die öffentliche Meinung. Es wurde dreist verbreitet, der Gnadenakt sei schon vollzogen. Nun kommen nachträglich die Einfälle von Zynikern zum Vorschein. Wäre die Begnadigung erfolgt, so hätten vielleicht dieselben, die jetzt ihre Ablehnung als unbegreiflich erscheinen lassen wollen, von dem weichlichen und weibischen Wesen unserer Zeit geredet, das es nicht über sich gewinne, in einem solchen Falle der Gerechtigkeit ihren Lauf zu lassen.«

»Der Schwurgerichtsverhandlung hatte im Auftrage des Sächsischen Justizministeriums ein Geheimer Regierungsrat beigewohnt. Nach dessen zweimaligem

Vortrage entschied der König Friedrich August III. von Sachsen: Er fühle sich nicht veranlaßt, von seinem Begnadigungsrecht Gebrauch zu machen. Infolgedessen erfolgte am 23. Juli 1908 im Hofe des Freiberger Gerichtsgefängnisses durch den sächsischen Landesscharfrichter Moritz Brand (Hohenlinde bei Oederan) die Hinrichtung der Grete Beier mittels Guillotine. Die Guillotine wurde zwei Tage vor der Hinrichtung von Dresden nach Freiberg geschafft. Grete Beier betrat, geführt von ihrem Verteidiger, Rechtsanwalt Dr. Knoll (Dresden) und dem Gefängnisgeistlichen, Pastor Schmidt (Freiberg), ruhig und gefaßt das Schafott. Sie rief mit lauter Stimme:

›Vater, Vater, in deine Hände befehle ich meinen Geist!‹

Kaum hatte sie das letzte Wort gesprochen, da sauste das haarscharfe Messer hernieder, das glatt den Kopf vom Rumpfe trennte.

Scharfrichter Brand rief: ›Herr Staatsanwalt, das Urteil ist vollstreckt.‹

Das Gerichtsgebäude war trotz der frühen Morgenstunde während der Hinrichtung von einer ungeheuern Menschenmenge umlagert.«

Die *Dresdner Neusten Nachrichten* schreiben: »Die Bürgermeistertochter Grete Beier zu Freiberg ist heute in der sächsischen Bergstadt durch das Fallbeil hingerichtet worden. Wohl zweihundert Personen haben dem traurigen Schauspiel beigewohnt: neben den offiziellen Vertretern der Justiz und den Berichterstattern der Presse, die beide einfach ihrer Pflicht genügen mußten und beide sicherlich nur schweren Herzens dieser Pflicht entsprachen, füllte den Gefängnishof eine Schar schwarzgekleideter Menschen, die nur Befriedigung ihrer Neugierde und Schaulust suchten.

Denn wahrlich erschütternd ist dieses Schauspiel für jeden fühlenden Menschen, auch wenn er den Vorgängen nur aus der Ferne in seiner Vorstellungswelt folgt. Gewiß, das junge Weib, das heute ohne Widerstand mit einer wahrhaft unheimlich anmutenden Fassung und Ergebung durch das Spalier der schwarzgekleideten Menschen schritt, dem unentrinnbaren Tode entgegen, gewiß, dieses Weib ist eine Verbrecherin. Es hat den Bräutigam kaltblütig hingemordet, nachdem es bereits vorher Schuld auf Schuld gehäuft und sich in einem Labyrinth von Verfehlungen verstrickt hatte. Nie vielleicht hat der furchtbare Sinn des Wortes von dem Fluch der bösen Tat sich trostloser, mitleidloser offenbart, als es hier geschah: Der Fluch, daß die Tat fortzeugend Böses muß gebären.

Unter diesem Banne hat das nunmehr gerichtete Weib gestanden, unter ihm ist es bis zum letzten Ende aufrecht geblieben mit einer Fassung, die kaum Menschliches, sicher nichts Weibliches an sich trägt; mit einer Konsequenz, die schließlich sich selbst dem Henker überlieferte, die nicht den leisesten Versuch machte, das junge Leben zu erhalten. Ein Weib, wie es sich hier dem Psychologen offenbarte, ist für das Allgemeinempfinden nicht normal, und wenn die Sachverständigen zehnmal das Gegenteil beweisen, und deshalb allein schon mußte man erwarten, daß das Todesurteil nicht vollstreckt werden würde.

Doch ein anderes kommt hinzu: So furchtbar die Tat des jungen Mädchens war, so ist doch im letzten Grunde zweifellos die böse Saat von fremder Hand in dieses Herz gestreut worden; es ist ja bereits früher auf Grund der frischen Eindrücke des Prozesses von uns hervorgehoben worden, welch vergiftenden Einfluß ›das Milieu‹ geübt hat, die herzlose, verbrecherische Mutter, die heute selbst im Zuchthause sitzt, der Vater, den nur ein vorzeitiger Tod vor dem gleichen Schicksale bewahrte. Wenn je, so waren also hier die Vorbedingungen für eine verbrecherische Anlage von vornherein gegeben. Auf den so vorbereiteten Boden stieß alsdann jener gewissenlose Mensch, der dieses Mädchens Schicksal wurde, der sie im Laster unterwies, der jenen unheimlichen Einfluß auf sie übte, aus dem zuerst die Kindsabtreibung und dann am letzten Ende die letzte schauerliche Tat erwuchs. Der Mensch, der sie dann schmählich verriet, um für sich selbst mildere Strafe zu erhalten, und der aus gleichem Grunde vor Gericht hohnlachend wider die Angeklagte zeugte. Dieser Mann, der zwar nicht mitschuldig ist an der Tat im Sinne des Gesetzes, der aber ohne Zweifel mitschuldig ist im Sinne einer höheren Gerechtigkeit, verbüßt zwei oder drei Jahre Gefängnis. Sein Opfer aber wandert aufs Schafott, nachdem es zwei lange Tage dem Tod ins Angesicht gesehen, nachdem es Qualen erduldet hat, die kein menschliches Gehirn ausdenken kann.

Hier klafft ohne Zweifel eine ungeheure Lücke zwischen dem allgemein menschlichen Rechtsempfinden und den Buchstaben des Rechts, und auch aus diesem Grunde war das Empfinden weiter Kreise voll berechtigt, das den allein möglichen Ausgleich zwischen Menschlichkeit und Recht hier, wie so oft, von der königlichen Gnade erwartete.

All diese Erwägungen sollen, wie hier noch mal ausdrücklich hervorgehoben sei, die Tat der Gerichteten nicht etwa entschuldigen. Sie sollen nur erklären, wie es kommt, daß das Empfinden weiter Kreise von diesem Ausgange erschüttert ist. Doch noch ein Drittes kommt hinzu: Selbst wenn wir uns von allen psychologischen Erwägungen freimachen, wenn wir rein nach der Vergeltungstheorie Leben um Leben fordern, so mußte in diesem Falle uns das blutige Schauspiel doch erspart bleiben. Die Theorie der Abschreckung kommt hier nicht in Frage; es ist absurd, sie etwa auf all jene zu beziehen, die in die gleiche Lage wie Grete Beier kommen könnten. Eine reinigende, bessernde Wirkung aber im Sinne des allgemeinen Rechts davon zu erwarten, daß man ein Weib zur Richtstätte führt, ist noch absurder.

Ein Schauspiel, wie es eingangs dieser Zeilen kurz angedeutet ist, kann auf das Empfinden der Allgemeinheit nie und nimmer veredelnd oder bessernd, es kann nur abstoßend und verrohend wirken. Die Vernichtung eines Lebens unter kalten, feierlichen Formen, in Gegenwart einer Schar von Zuschauern, die, ob wollend oder nicht, zur Richtstätte wie in ein Theater kommen, hat unter allen Umständen etwas Entsetzliches an sich. Weit furchtbarer wird der Eindruck, wenn es sich, wie hier, um ein junges, wehrloses Weib handelt; ein Weib, dessen Geschlecht selbst in der Verlorenen noch Achtung heischt; ein Weib, das unter Folterqualen, welche die letzten Stunden und Minuten der Vorbereitung bringen, ohne Frage noch weit schwerer leidet, als der Mann, der wenigstens unter seinesgleichen verblutet. Es ist unfaßlich, wie man in einer aufgeklärten humanen Zeit von einem solchen, mit allen Schrecknissen des Mittelalters ausgestatteten, Schauspiel eine reinigende Wirkung im Sinne der Justiz versprechen kann.

Nein, der Majestät eines wahren Rechtes ist ein solches Schauspiel fremd! Auch aus diesem Grunde ist es tief zu beklagen, daß man den alten, seit langem in Sachsen geübten Brauch verlassen, daß man zum ersten Male seit fünfzig Jahren wieder ein Weib den Fäusten des Scharfrichters überantwortete.«

Die *Dresdner Volkszeitung* resümierte geschockt noch am Tage des Geschehens: »Heute zu einer Stunde, da alles Leben erwacht, hat in Freiberg der königlich-sächsische Scharfrichter an der Bürgermeisterstochter Grete Beier sein trauriges Handwerk ausgeübt.

Aus demselben Städtchen Freiberg berichtet die Chronik von einem anderen Verbrechen, das ebenfalls von einer Frau aus der besitzenden Klasse, gleichfalls an einem Manne um eines anderen Mannes willen und fast aufs Haar mit derselben Mordtechnik verübt wurde. Es handelte sich um die wegen ihrer seltenen Schönheit berühmte Polyxena von Rom. Sie war die ›Tochter des Lizentiats Roland Gertewitzens‹, heißt es in den Pergamenten, ›eines Domcanonici, welcher sie zu Rom im Ehestand erzeugt und nach Absterben seines Weibes mit nach Freiberg geführt hatte. Hier vermählte sich Andreas Behem, ein Bürger und Brauherr in der Meißnischen Gasse, mit ihr. Weil sie aber mit einem Soldaten Ehebruch getrieben und von diesem verleitet, erst ihrem Ehegatten Gift beigebracht und, als dieses nicht genug wirkte, denselben mit einem Brotmesser erstochen hatte, wurde sie enthauptet und aufs Rad geflochten.‹

Wenn man hört, daß sich solches im Jahre 1522 zugetragen, wundert man sich nicht, daß der Henker mit Beil und Rad am Ende der Geschichte steht, denn das sechzehnte Jahrhundert huldigte noch der primitiven Rechtsauffassung: ›Auge um Auge; Zahn um Zahn‹; es kannte keine ausgebildete Kriminalpsychologie; es hatte keine Ahnung von der Vererbungstheorie; es wußte so wenig von den psychopathologischen Ursachen wie von der sozialen Bedingtheit des Verbrechens, und vor allem rühmte es sich nicht, ein Jahrhundert der Humanität zu sein, sondern tötete seine Verbrecher mit derselben treuherzigen Naivität, mit der man ein schädliches Tier totschlägt. Das zwanzigste Jahrhundert aber ist auf eine hochentwickelte Ethik stolz. Es tritt dem Verbrecher mit dem Aufgebot eines großen wissenschaftlichen Apparates entgegen und trieft vor Humanität – und doch steht auch hier der Henker am Ende der Geschichte.

Die Hinrichtung der Grete Beier regt zu derlei Vergleichen an, weil an diesem Fall die grausame Sinnwidrigkeit der Todesstrafe ganz besonders offenbar wird. Die Verurteilte war gewiß nicht das, was man im Jargon der Staatsanwaltschaft und des bürgerlichen Gerichtsberichts ›gänzlich verworfen‹ nennt. Die moralische Atmosphäre ihres Elternhauses, ihre Beeinflussung durch die Mutter, ihre Beeinflussung durch den Geliebten, ihr offenes Geständnis und mancher fast sympathische Zug an dem Mädchen wie auch das von den Geschworenen selbst befürwortete Gnadengesuch ließen hier eine Begnadigung als zweifellos gerechtfertigt erscheinen, ganz abgesehen davon, daß ihr Verbrechen trotz der anscheinenden Klarheit der Motive an das Goethesche Zweifelswort erinnerte: ›Was weiß ein Mensch vom anderen?‹, und eine Verurteilung im Handumdrehen schwer machte. Dazu kommt, daß es sich hier um ein Weib handelt. Ist eine Hinrichtung an sich schon ein Stück legitimierter Brutalität, so wirkt dreifach abstoßend und widerlich, wenn ein Wesen, daß von Natur zu der schwächeren, hilfloseren Hälfte des Menschengeschlechtes gehört, auf das verhängnisvolle Brett geschnallt und unter einer Zeremonie getötet wird, die lächerlich wäre, wenn sie nicht so grausam wäre. Trotz alledem und trotzdem seit 1852 keine Frau mehr in Sachsen dem Scharfrichter verfallen ist, hat der König von seinem Begnadigungsrecht keinen Gebrauch gemacht.

Das gibt keinen Grund, gegen den König persönlich ein Tadelsvotum auszusprechen, nicht weil wir mit der reaktionären Presse vor dem Begnadigungsrecht als einem unantastbaren und jeder Erörterung enthobenen Recht der Krone ehrfürchtig Halt machten, sondern weil der springende Punkt ganz woanders zu suchen ist. Einmal richtet sich das Staatsoberhaupt fast ausschließlich nach der beratenden Stimme des Justizministers, und dieser wiederum wird durch das Gutachten des Geheimrats beeinflußt, der im Auftrage des Justizministeriums jeder Schwurgerichtsverhandlung beiwohnt, in der ein Todesurteil zu erwarten ist, um einen persönlichen Eindruck von dem Verurteilten zu gewinnen, und der in eingeweihten Kreisen den bezeichnenden Namen ›Totenvogel‹ führt. Dann aber ist es die Todesstrafe selbst, gegen die sich in erster Reihe jede Kritik wenden muß.

Die Strafe, die am Leibe vollzogen wird, fußt in den Rechtsanschauungen des feudalen Staates, in dem ein Mensch dem anderen mit dem Leibe zu eigen, leibeigen gehörte. In dem Gebrauch, daß ein zum Tode Verurteilter, der begnadigt wurde, in früheren Jahrhunderten damit in die lebenslängliche Leibeigenschaft des Landesherrn geriet, kommt die Tatsache am vollendetsten zum Ausdruck. Die bürgerliche Gesellschaft aber, die die persönliche Freiheit des Individuums proklamierte, mußte mit den Leibstrafen, dem Prügeln, Gliederabhacken, Köpfen, Ersäufen und Rädern aufräumen, und ganz folgerichtig waren denn auch die Männer, die im achtzehnten Jahrhundert schon gegen die Todesstrafe Sturm liefen, von dem Geist einer bürgerlichen Aufklärung berührt, die als Frührotschein der Französischen Revolution gelten kann. Die große Revolution allerdings schaffte, wohl in dem Glauben, bei dem gewaltigen Aufgebot aristokratischer Hochverräter im Innern des Landes eines radikalen Säuberungsmittels zu bedürfen, die Todesstrafe nicht ab, und auch die bürgerliche Gesetzgebung Napoleons behielt neben den spezifisch bürgerlichen Strafen, den Freiheitsstrafen im Massenvollzug, – wo man Fabriken baut, baut man auch Zellengefängnisse! – die Guillotine bei. Aber um die Julirevolution herum machte sich in Frankreich wieder eine lebhafte Agitation gegen die Todesstrafe geltend; Victor Hugo warf damals seine in Novellenform gekleidete erschütternde Propagandaschrift ›Der letzte Tag eines zum Tode Verurteilten‹ in die Massen. Heute ist in Frankreich die Todesstrafe, wenn nicht auf dem Papier, so doch in der Tat abgeschafft, und der Präsident Fallières bewies einen anerkennenswerten Mut, als er im letzten Jahre gegen einen gewaltigen Ansturm aller Reaktionäre auch den Lustmörder Soleilland begnadigte.

In Deutschland schien mit der Revolution von 1848 das Glöckchen für die Todesstrafe geschlagen zu haben. Die preußische Nationalversammlung dieses Jahres, auf diesen Spuren nachgeahmt vom Frankfurter Parlament, brandmarkte die Hinrichtung als ›die feierliche Tötung eines Menschen‹, als einen ›Mord mit Floskeln‹ und als eine ›unsittliche, barbarische Einrichtung‹ und beschloß mit überwältigender Mehrheit, die Todesstrafe für abgeschafft zu erklären, was einen gesinnungstüchtigen Staatsanwalt nicht abhielt, noch während dieser Verhandlungen gegen einen Studenten, der beim Berliner Zeughaussturm beteiligt, wegen Hochverrates die Todesstrafe mit dem Rade von unten auf zu beantragen!

Auch bei der Gestaltung der norddeutschen Bundesverfassung 1867 und der deutschen Reichsverfassung 1871 war die Mehrheit der Parlamente gegen die Todesstrafe, aber da trat Bismarck, mit dessen kulturellen Anschauungen sich ein Staatswesen ohne Henkerbeil nicht vereinbaren ließ, mit dem Kürassierstiefel auf und drohte seinen Mamelucken in geharnischten Reden, das ganze Verfassungswerk scheitern zu lassen, wenn nicht die Todesstrafe beibehalten würde. So geschah es, und Staaten, die die Todesstrafe schon abgeschafft hatten, wie Sachsen und Oldenburg, mußten mit der glorreichen deutschen Einheit auch die glorreiche Guillotinenkultur mit in Kauf nehmen.

Heute geben nicht nur moderne Strafrechtstheoretiker, sondern auch staatlich angestellte Juristen zu, daß die Todesstrafe zwecklos ist. Das Vergeltungsmoment ist aus dem Strafrecht des 20. Jahrhunderts ausgeschaltet. Nach offiziellen Begriffen soll die Strafe bessernd auf den Bestraften und abschreckend auf die Mitwelt wirken, aber die Todesstrafe ist zu beiden unfähig: Ein Toter kann nicht gebessert werden, und wenn die Todesstrafe abschreckend wirkte, so müßte nach der Statistik in den Ländern ohne Todesstrafe die Zahl der sogenannten todeswürdigen Verbrecher größer sein als in den andern, während das Gegenteil der Fall ist. So sind heute in der Tat die wirklich begeisterten Verfechter der Todesstrafe nur Elemente, deren Ideal der feudale Staat und die Leibeigenschaft ist und die sich als von Gott unmittelbar eingesetzte bevorrechtete Klasse betrachten, die Junker. Wie die Kreuzzeitung 1870 gegen die Abschaffung der Todesstrafe schrieb: ›Die Obrigkeit und das Richteramt von Gott dem Herrn über Leben und Tod wird verleugnet, wo das Todesstrafrecht abgeschafft wird, so denkt man in diesen Kreisen noch heute, und das ist nirgends deutlicher zu Tage getreten als in dem Freudengeheul der reaktionären Presse vom Schlage der Deutschen Tageszeitung über die Hinrichtung der Grete Beier.‹

So ist der Kampf gegen die Todesstrafe nicht nur

ein Kampf für die Kultur, sondern auch ein Kampf gegen die Reaktion. Daß die Sozialdemokratie in diesem Kampf in der vordersten Reihe ficht, versteht sich am Rande, wie es auch die proletarisch-revolutionäre Pariser Kommune von 1871 als eine ihrer ersten Aufgaben betrachtete, das Hinrichtungswerkzeug des Klassenstaates feierlich zu verbrennen.«

»Wir wissen nicht, wer dem König von Sachsen den Vortrag über die Gerichtsverhandlung gegen Grete Beier gehalten hat und wie in diesem Vortrag die Dinge dargestellt worden sind. Denn die Unvernunft unserer Gesetze will, daß der eigentlich entscheidende Teil eines Mordprozesses in die Heimlichkeit eines höfischen Kabinetts gebannt wird! Aber man kann verlangen, daß das Justizministerium öffentlich darlegt, warum es den König veranlaßt hat, die von den Geschworenen einstimmig empfohlene Begnadigung abzulehnen. Welche Gründe hatte es, den Gründen der Freiberger Geschworenen entgegenzusetzen? Warum schob es deren wohlbedachtes Votum kurzerhand zur Seite? Was hatte es den psychologischen Erklärungen vom Wesen der Tat und der Täterin, die hier gegeben wurden, gegenüberzustellen?

Der sächsische König hat es mit sich und mit sich allein auszumachen, warum er zugab, daß das Haupt einer Frau in den Sand rollen mußte. Wir würden unsere Unterschrift nicht unter ein Schriftstück gesetzt haben, das einer Frau den Weg zum Schafott öffnete. Und so wie wir denkt, des sind wir gewiß, die übergroße Mehrheit unseres Volkes. Der König hat sich, indem er anders handelte, in Widerspruch mit dem Volksempfinden gesetzt ... Daß er nicht leichten Herzens gehandelt hat, wie er handelte, versteht sich, denn sonst wäre er kein Mensch. Aber darauf kommt es nicht an. Er hat das Todesurteil einer Frau unterschrieben, das allein kommt für uns in Betracht. Auch die ministerielle Deckung ist in diesem Falle bedeutungslos, denn gerade die Verteidiger der bestehenden Ordnung weisen ja stets mit besonderem Nachdruck darauf hin, daß das Gnadenrecht ein allerpersönlichstes Recht des Monarchen sei.

Der große deutsche Strafrechtslehrer Hermann Seuffert, den ein viel zu früher Tod leider an der Mitarbeit bei unserer Strafrechtsreform hinderte, schrieb einmal über die Todesstrafe: ›Seitdem ich juristisch zu denken gelehrt wurde, bin ich ein Gegner der Todesstrafe, soweit es sich um den Strafschutz bei den Völkern der europäischen Kultur in friedlichen, normalen Verhältnissen handelt. Der berufliche Verkehr mit einem zum Tode Verurteilten am Tage vor der Hinrichtung und die, meinem Abscheu abgerungene, Anwesenheit bei der Hinrichtung eines anderen Verurteilten, einen Meter von dem Sacke entfernt, in den der Kopf des Gerichteten fiel, haben mein Urteil über die Verwerflichkeit des Strafmittels verstärkt ... Die Todesstrafe wird abgeschafft werden, das ist mir außer Zweifel.‹

Ja, sie wird abgeschafft werden, weil sie das Empfinden des Volkes auf das Tiefste verletzt. Die Volksgenossen des Verurteilten leiden darunter ebenso wie der Verurteilte selbst. Und gar, wenn es sich um eine Frau handelt!

Wir haben nie verstehen können, daß sich überhaupt in unserer Zeit und in unserem Volke Menschen finden, die das Gewerbe des Henkers betreiben. Aber wie man eine Frau packen, aufs Brett schnallen und unter das Fallbeil schieben kann – dafür fehlt uns schlechthin jede Möglichkeit des Ausdenkens. Und so Tausenden und abermals Tausenden.

Darum wird der fürchterliche Abschluß des Falls der Grete Beier vielleicht auch nicht ganz ohne Nutzen für die Folge sein: Er verstärkt die Gegnerschaft gegen die barbarische Todesstrafe bis zu dem Maße, daß eine Reform des Strafrechts ohne Abschaffung der Todesstrafe undenkbar wird und daß bis dahin der Vollzug der Todesstrafe in ähnlichen Fällen ausgesetzt wird. Mächtiger als die albernen Einwände der Vertreter einer hinterwäldlerischen ›Abschreckungstheorie‹ gegen die Abschaffung der legalisierten Abschlachtung verbrecherischer Menschen ist das elementare Gefühl des Volkes, daß solche Urteilsvollstreckungen nicht mehr in unsere Zeit passen.«

»Man darf nicht müde werden, unserem Volke immer wieder zu sagen, daß Henker und Fallbeil keine geeigneten Mittel sind, um die Probleme unserer Gesellschaft in der Mitte des zwanzigsten Jahrhunderts zu lösen.«

GUSTAV HEINMANN

Das vollstreckte Todesurteil an Grete Beier war die letzte öffentliche Hinrichtung einer Frau im Königreiche Sachsen. Die letzte Hinrichtung im Lande erfolgte am 26. Juni 1981 in der Justizvollzugsanstalt in Leipzig. Abgeschafft wurde in der DDR die Todesstrafe im Dezember 1987. Der Freistaat Bayern strich sie 1998 aus der Landesverfassung und Hessen im Jahre 2018. Das letzte zivile Todesurteil wurde in Westdeutschland am 18. Februar 1949 vollstreckt. Diskussionen darüber folgten. Der Bundestag stimmte am 2. Oktober 1952 endgültig darüber ab und formulierte: »Die Todesstrafe ist in Deutschland abgeschafft!« Die Diskussionen darüber endeten damit nicht.

Der Ruppersdorfer Schädelspalter

Eine Adventsgeschichte

»Ruppersdorf. Kirchdorf, 11 km südlich von Löbau.
Von den Bauarbeiten der Kirche ist wenig bekannt.
1720 beschädigte der Blitz die Kirche und den Turm
stark, so daß eine neue Wetterfahne aufgesetzt werden mußte. Der alte eingezogene Friedhof umgibt die
Kirche im Kreis. Darauf befinden sich mehrere Grab-
male der Familie von Nostiz.«

CORNELIUS GURLITT: BESCHREIBENDE DARSTELLUNG DER ÄLTEREN BAU- UND KUNST-
DENKMÄLER DES KÖNIGREICHS SACHSEN. AMTSHAUPTMANNSCHAFT LÖBAU, 1910

Ruppersdorf war einst in Ober- und Niederruppersdorf geschieden, beide Orte besaßen 1910 zusammen
1 903 Einwohner. Die beiden Ortsteile vereinte man
1930 zur Gemeinde Ruppersdorf, diese wurde 1992
Teil der Stadt Herrnhut/Oberlausitz.

Es war Donnerstagmorgen, der 8. Dezember 1910,
die Dämmerung kaum abzusehen. Die Bauern kro-
chen aus dem Federbette, wuschen sich und begannen
ihr Tagwerk in den Ställen: tränken, füttern, misten.
Schüler schnürten ihre Ranzen. Fleischer, Bäcker,
Materialwarenhändler öffneten ihre Geschäfte. Bürgerliche blätterten bei Kaffee, Lampenlicht und Ofen-
wärme in der Zeitung und lasen allda Besinnliches
zur Weihnachtszeit: »Nun geht das Jahr wieder still
dem Licht entgegen, und was in des Menschen Brust
an Sehnsucht nach Helligkeit lebt, ist in dem Wort
Advent ausgedrückt. ›Das Kommen‹ – heißt Advent.
Das Kommen des Lichts. Langsam werden die Tage
dunkler und kürzer. Jeden Morgen geht die Sonne

eine Spanne weiter gegen Süden hinter den Bergen auf; immer schwächer wird ihr Flug über den Erdrand hinaus und immer rascher senkt sie sich gegen Westen. Aber der Menschen Hoffen hält fest, wenn die Erde in ihrem Tanz um die Sonne verlieren will. Wenn das Licht an den Himmeln versagt, wacht es desto gewaltiger in des Menschen Seele auf, und so ist der Advent und seine Zeit ein zuversichtliches ›Trotzalledem‹, das die Erdenbewohner in die einbrechende Winternacht hinausrufen. Und sie behalten immer wieder recht. Es wird Licht, immer und immer wieder. Je dunkler die Tore, desto heller das Leuchten, das hervorbricht, wenn die Torflügel auseinandergestoßen werden. Das ist Menschheitsglaube, der nie zuschanden wird. – So blicke ich hinaus ins Wetter der letzten Tage, in ein sogenanntes abscheuliches Wetter. Ich kann nichts dafür, aber mir fehlt die Gabe, überhaupt irgendein Wetter abscheulich zu finden.«

Der Wetterbericht hatte für den 8. Dezember der Oberlausitz vorhergesagt: »Nach dem Abzug der tiefen Depression, deren Ausläufer vor zehn Tagen unter Gewittern und Hagelfällen Deutschland durchschauert hatte, drang allerdings das südwesteuropäische Maximum nach Mitteleuropa vor, so daß das Barometer schnell wieder über seinen normalen Wert stieg. Trotzdem kam es nicht zu Frostwetter; denn der Kern des Hochdrucks blieb südlich von uns im Alpengebiet, so daß in ganz Norddeutschland, das auf der Nordseite des Maximums lag, dampfgesättigte westliche Winde wehten, die die Aufklärung verhinderten. So blieb auch nachts die Temperatur erheblich über dem Gefrierpunkt. Die erwärmende Wirkung dieser Westwinde wurde verstärkt durch eine neue, sehr tiefe Depression, deren Minimum 727 Millimeter (38 unter Normal) Sonnabend vor acht Tagen über

Island lag und sehr weit nach Süden reichte, was eine Luftzufuhr aus milden Gegenden des Atlantik zur Folge hatte. Das Maximum hielt diesmal über dem Festlande stand und erreichte Sonntag 775 Millimeter Höhe. Infolgedessen zog der isländische Wirbel sehr hoch im Norden vorüber, verflachte sich dabei und machte sich bei uns nur noch durch einen Ausläufer bemerkbar, der bei uns geringen, an der Nordsee stärkeren Regen auslöste. Ein ausgeprägter Teilwirbel, der Donnerstag über Dänemark lagert, hat stärkere und lang anhaltende Regenfälle von weiterer Verbreitung zur Folge. Das polare Hochgebiet wird vermutlich südwärts nach Mitteleuropa vordringen. Dieses winterliche, sibirische-russische Maximum pflegt in der gegenwärtigen Jahreszeit oft bis zu uns zu gelangen und bringt dann meist erste strenge Kälte. In diesem Winter sind sehr tiefe Temperaturen allerdings auch schon durch europäische Maxima verursacht worden. Sollte sich die Witterung in dieser Weise entwickeln, so dürfte sich der hohe Druck über Mitteleuropa mit dem von Nordosten kommenden Maximum verbinden und bereits in diesen Tagen eine Periode klaren und sehr kalten Winterwetters einleiten.«

Ob Regen oder Schnee, in den Fenstern brach sich in der Vorweihnacht Licht von Lampen, Kerzen, Weihnachtssternen. Vor allem einer leuchtet in der Gegend: der Herrnhuter Weihnachtsstern. Im Zuge der Gegenreformation ließen sich 1722 böhmische und mährische Glaubensflüchtlinge im Lausitzer Bergland mittig zwischen Zittau und Löbau am Kottmar (583 m NN) nieder und nannten ihre neue Siedlung Herrnhut. Die Brüdergemeinde lebte hier nach ihren strengen Statuten, organisierte das Bildungswesen und missionierte weltweit. Ihre Knabenanstalt wurde im Januar 1771 in Niesky eingeweiht. Um deren Jubiläumsfeier 1821 sichtbar zu begehen, fertigte man nach einem einfachen geometrischen Prinzip einen Hohlkörper mit 110 Zacken. »Der Lehrer ließ die Jungen im Matheunterricht die Sterne basteln. In den folgenden Jahren wurden sie auch in den Internaten der Herrnhuter Brüdergemeinden in Niesky, Neuwied, Kleinwelka und Königsfeld im Schwarzwald gefertigt und zum ersten Advent in die Flure und Hallen gehängt. Die ersten ›Herrnhuter Sterne‹ erstrahlten in den Farben Rot und Weiß, wobei das Rot das Blut Jesu symbolisierte und das Weiß die Reinheit.« Dieser leuchtende Stern beeindruckte die Familien der Schüler so, dass er alsbald auch in privaten Räumen hing. Seit 1900 fertigt man die »Herrnhuter Sterne« professionell und verkauft sie. Handelsüblich sind sie derzeit mit 25 Zacken. Auch im Dezember 1910 werden sie in Herrnhut und in Ruppersdorf geleuchtet haben.

Der Journalist fuhr in seiner Adventsbetrachtung folgendermaßen fort: »Ich habe gerade in diesen Tagen jeden Morgen das große stille Wunder des Tagwerdens in den trüben Jahreszeiten neu erlebt und die herbe Kraft dieses Naturvorgangs schauend in mich aufgenommen. Wenn ich dann aufwache, dann höre ich durch die Nacht drüben vom kleinen Bauernhaus her das Klingen des Beils auf hartem Buchenholz. Der Nachbar spaltet schon in aller Morgenfrühe seine Scheite. Das ist eine einsame und doch aufmunternde Musik. Während ich so liege und zu den klingenden Lauten des Beils langsam die Gedanken herangeschlichen kommen, sehe ich noch nichts vom Wald, der halb Park ist, voll wunderbarer alter Bäume steht und fast vor meinem Fenster anfängt. Ich weiß nur, er ist da. Noch ist er etwas Totes. Gespenstisches, das ich wie eine dunkle Wand fühle, ohne sie zu sehen. Aber wenn die Dorfuhr ihre sieben Schläge träge heruntergehauen hat, dann steht plötzlich die zackige Kontur der Baumwand gegen den dunklen Nachthimmel. Und unmerklich fängt das Leben des werdenden Tages an. Ein Schein, so schwach und zart, als ob blasses, mattes Gold in eine ungeheure Fläche ausgewalzt worden wäre.«

In Ruppersdorf machte sich am Morgen des 8. Dezember ein Mann auf den Weg. Er trug ein Beil in seiner Hand, ging damit in den Kramladen der alten Gedlich und ihrer Tochter und verlangte ein Stückchen abgeschnittene Leberwurst.

> Die Heiligen Drei König' mit ihrem Stern
> Sie essen, sie trinken und bezahlen nicht gern;
> Sie essen gern, sie trinken gern,
> Sie essen, trinken und bezahlen nicht gern.
>
> JOHANN WOLFGANG VON GOETHE: »EPIPHANIASFEST«

»Doppelraubmord und Brandstiftung« titelte die *Lausitzer Presse* am 9. Dezember 1910: »Die Kunde von einem furchtbaren Verbrechen, die gestern, Donnerstag früh, aus Ruppersdorf bei Herrnhut zu uns herüberkam, brachte einen großen Mißklang in die vorweihnachtliche freudig-gehobene Stimmung der Bewohner der gesamten Oberlausitz. Eine Greisin, die 70-jährige Materialwarenhändlerin Auguste Gedlich in Ruppersdorf, und deren unverehelichte 37-jährige Tochter Pauline Gedlich sind ermordet worden; dann hat der Täter, nachdem er sich vergeblich nach Geld umgesehen, die Leichen mit Petroleum begossen und angezündet; auch das Haus hat er in Flammen gesetzt. Der Unmensch dürfte mit der Inbrandsteckung den Zweck verfolgt haben, die Spuren der verbrecherischen Tat zu verwischen.

Ein Mitarbeiter der ›Zittauer Morgenzeitung‹, der sich sofort nach Eingang der Schreckenskunde nach Ruppersdorf begab, ermittelte folgende Einzelheiten: Die Entdeckung des Doppelmordes geschah durch Mannschaften der Freiwilligen Feuerwehr zu Ruppersdorf. Kurz nach 8 Uhr früh war dort der Ausbruch eines Schadensfeuers in dem etwa 100 Meter vom Gasthof ›Zum Mohr‹ entfernt liegenden Hause Nr. 88, der Witwe Gedlich gehörig, bemerkt worden. Das genannte Gebäude bestand aus dem Erdgeschoß und einem aufgesetzten Stockwerk; es war mit Schiefertafeln gedeckt. Die eine Hälfte des Hauses wurde von der Besitzerin desselben, der Witwe Gedlich, von deren 37-jährigen unverehelichten Tochter Pauline und von einem 20-jährigen Enkelkind der Witwe Gedlich bewohnt. In dem anderen Flügel, einem Anbau, logierten die Privatiereheleute Hirche. Ihren Unterhalt erwarben sich die Gedlichs, die im Ort als brav und tüchtig bekannt waren, durch Handweberei und durch den Betrieb eines kleinen Materialwarenhandels.«

»Materialwaren: in Nord- und Mitteldeutschland alle Waren, welche die Hauptartikel unserer gewöhnlichen Kleinhandlungen ausmachen (Kolonialwaren, Gewürze, Zucker etc.). In Süddeutschland nennt man diese Waren häufiger Spezereiwaren und versteht unter M. die Drogen und Farbewaren. Kolonialwaren, die aus den Tropen, besonders europäischen Kolonien, eingeführten Waren, wie Zucker (im Unterschied zum Rübenzucker auch Kolonialzucker genannt), Kaffee, Tee, Kakao, Gewürze, Reis, bisweilen auch Rohstoffe der Industrie, wie Baumwolle, Kautschuk, Farbhölzer usw. Drogen (Drogeriewaren, v. holländ. *dro[o]g*, trocken, vielleicht von *trochisci*, einer alten Arzneiform,

Pillen, Trochisten, die Händler mit solchen Dingen), Apothekerwaren, in Süddeutschland Materialwaren, heißen alle rohen oder halbzubereiteten Produkte der drei Naturreiche, die hauptsächlich in der Medizin und in der Technik benutzt werden; auch sind D. Präparate aus Hüttenwerken und chemischen Fabriken zu gleichem Gebrauch. Der Inhaber einer solchen Handlung heißt Drogist, das Geschäft selbst ist eine Drogeriehandlung. Viele Drogisten in Deutschland handeln auch mit Farbewaren, Apothekergerätschaften usw. Unter ihren rohen Produkten nehmen Wurzeln, Hölzer, Rinden, Blätter, Blüten, Früchte, Samen, Harze, Gummiarten und Öle die wichtigste Stelle ein. Der Drogist versorgt in erster Reihe die Apotheken, häufig aber auch betreibt er nebenbei oder ausschließlich Detailhandel, wo dann dem Publikum Gelegenheit geboten ist, die D. und gewisse als Arzneimittel zu benutzende Präparate billiger als in den Apotheken einzukaufen. Chemische Arzneiwaren und stark wirkende (giftige) D. darf der Drogist nach der Verordnung vom 27. Jan. 1890 im Detailhandel nicht verkaufen, namentlich darf er nicht Verordnungen der Ärzte anfertigen.«

MEYERS GROSSES KONVERSATIONSLEXIKON, 1903

»Die Bewohner der Oberlausitz betreiben um 1600 vor allem Landwirtschaft – und die Leineweberei als traditionelle Hausarbeit für den Eigenbedarf. Vor allem in der südlichen Oberlausitz entwickelt sich auf den Dörfern die Hausweberei zunächst als jahreszeitabhängiger Nebenerwerb. Später wird die Leineweberei zum Haupterwerbszweig der dörflichen Bevölkerung, da der Erwerb aus der Landwirtschaft die neuen Generationen nicht mehr ernähren kann und es eine wachsende Nachfrage nach Leinen gibt, die von den in Zünften produzierenden Webern in den Städten nicht mehr bewältigt werden kann.«

FRANK NÜRNBERGER: DIE GESCHICHTE DER OBERLAUSITZER TEXTILINDUSTRIE, 2007

»Der Laden wurde von den Gedlichs in einem nach der Straße zu gelegenen Stübchen betrieben; die Enkeltochter war als Fabrikarbeiterin tätig. [...]

Gegen ½ 6 Uhr war die Enkeltochter zur Arbeit gegangen, ferner war gegen 7 Uhr Herr Julius Döring, ein Nachbar, noch im Laden gewesen und hatte mit der Witwe und deren Tochter gesprochen. Eine knappe Stunde später, kurz nach 8 Uhr, nahm das den anderen Flügel des Hauses bewohnende Hirche'sche Ehepaar einen Brandgeruch wahr, und gleichzeitig erscholl auch aus der Nachbarschaft der Ruf ›Es brennt!‹ Die alarmierte Feuerwehr war schnell zur Stelle, und zwar zunächst die Ruppersdorfer. Als die Wehrmänner in das Haus eindringen wollten, fanden sie zu ihrer Ueberraschung den nach der Hofseite zu gelegenen Haupt- und zugleich Laden-Eingang verschlossen vor; auch war von den Gedlichs nichts zu hören. Kurz entschlossen verschaffte man sich gewaltsam Zutritt zu dem Innern, und der freiwillige Feuerwehrmann, Herr Schmiedemeister Gustav Bartsch aus Oberruppersdorf, betrat als erster den völlig mit Rauch angefüllten Flur. Von hier aus gelangte er zunächst in die rechter Hand gelegene Wohn- und Webstube, in der aber kein Feuer wahrnehmbar war; dann drang er in Begleitung von Kameraden in den danebengelegenen Ladenraum vor. Dort schien sich der Brandherd zu befinden, denn nahe bei dem Ladentische an der nach der Straßenseite gelegenen Wand lag eine glimmende Masse; wie es schien, handelte es sich um Kleidungsstücke. Genaues war infolge des dichten Rauches nicht wahrnehmbar. Als nun Herr Bartsch die ver-

meintlichen Kleidungsstücke beiseite schieben wollte, bot sich ihm plötzlich ein gräßlicher Anblick dar:
Eine Leiche, deren Gesicht durch Brandwunden und
Axthiebe entstellt war, lag am Boden. Daß der Feuerwehrmann im ersten Moment entsetzt zurückschrak,
kann man sich wohl vorstellen.«

»Entsetzen: Präfixbildung zu *setzen*. Ztw. Mhd. *abset-
zen, außer Fassung bringen*, Kausativ zu *verloren gegangen*, Faktitiv zu mhd. *entsitzen*, ahd. *intsizzen* in
der Bedtg. *aus dem Sitz, aus der ruhigen Lage kommen,
furchtsam entweichen*. Mhd entsetzen hat daher die
Bedeutung *aus dem Besitz bringen*. Wie nahe der Ue-
bergang liegt, zeigen got. *and-sitan* mit seiner Bedtg.
sich scheuen und nhd. *sich erschrecken*. Die zweite Bedeutung hat sich im Nhd. noch verstärkt zu *Grauen
empfinden*.«

FRIEDRICH KLUGE: ETYMOLOGISCHES WÖRTERBUCH DER DEUTSCHEN SPRACHE, 1910

»Inzwischen kamen auch andere Männer hinzu, die
dann unmittelbar neben der ersten noch eine zweite Leiche am Boden liegen sahen und in den beiden
die Witwe Gedlich und deren Tochter erkannten. Der
ganzen Sachlage nach mußte sofort der Gedanke an
das Vorliegen eines schweren Verbrechens auftauchen,
denn beide Leichen, die an der Brust und am Kopfe
angebrannt waren, wiesen außerdem noch andere
furchtbare Verletzungen auf, die ganz offensichtlich
mit der scharfen Seite eines Beiles herbeigeführt worden waren. Die Witwe Gedlich, die mehr nach dem Ladentisch zu lag, hatte einen Schlag quer über die rechte
Wange bekommen, auch war ihr allem Anschein nach
der Schädel zertrümmert worden. Die Tochter wies an
der Stirn, gerade dort, wo das Haar ansetzt, eine etwa
acht Zentimeter breite klaffende Wunde auf, die von

einem mit enormer Kraft ausgeführten Beilhieb herrühren mußte. In der rechten Hand hatte die Tochter ein sogenanntes Wiegemesser, die linke lag schützend über dem Haupt. Man wird nicht fehlgehen, wenn man annimmt, daß die Tochter auf die Hilferufe ihrer Mutter aus der Nebenstube herbeigeeilt ist und dann beim Anblick des Täters das Wiegemesser ergriffen hat, um damit auf den Mörder loszugehen.

Doch zu langen weiteren Erörterungen hatten die Feuerwehrleute zunächst keine Zeit, denn aus dem oberen Stockwerke schlugen alsbald die Flammen heraus. Der eigentliche Brandherd befand sich nämlich in einem eine Treppe hoch gelegenen Kammerraum, in dem viele leicht brennbare Stoffe, Holz und dergleichen, angehäuft lagen. Dort war das Haus angezündet worden, und von dort hatten sich die Flammen rasch über den ganzen Dachstuhl verbreitet, worauf sie auf das untere Stockwerk übergriffen. Alles fiel dem gefräßigen Elemente zum Opfer, bis auf die Gedlich'schen Parterre-Räumlichkeiten, nämlich Wohnstube und Ladenraum; diese blieben erhalten. Angefügt sei hierbei gleich noch, daß an der Brandstätte außer der Ruppersdorfer auch noch die Herrnhuter, Strahwalder und Oderwitzer Wehren erschienen waren.

Sofort nach Entdeckung des Verbrechens war der Herrnhuter Gendarm, Herr Lohse, benachrichtigt worden, der kurz nach 9 Uhr mit einigen Herren vom Herrnhuter Amtsgericht am Tatorte erschien. Auf telegraphischem Wege setzte er die umliegenden Behörden von den Vorgängen in Kenntnis. Gegen ½ 1 Uhr erschien dann ferner ein Vertreter der Bautzener Staatsanwaltschaft sowie etwa zehn Gendameriebeamte mit Herrn Kreisgendarm Naumann aus Bautzen an der Spitze in Ruppersdorf, um die behördliche Behandlung der Affäre aufzunehmen.

›Wer ist der Täter?‹ Das war die Frage, die alle bewegte. Verdachtsmerkmale, die auf eine bestimmte Person hinwiesen, waren nicht vorhanden. Niemand hatte zur kritischen Zeit eine verdächtige Person in der Nähe des Tatortes gesehen, auch war kein Schrei vernommen worden. Das nächstgelegene Nachbarhaus ist etwa 25 Meter weit entfernt, Verkehr herrschte in jener Gegend zwischen 7 und 8 Uhr fast gar nicht, zudem liegt das Gedlich'sche Grundstück an einem auf die Feldmark auslaufenden Wege, also abseits der mehr benützten Chaussee.

Irgendwelche Fußstapfen konnte man nicht verfolgen, denn durch die Feuerwehrleute und Publikum war das Gelände ringsum in weitem Kreise zertreten; weiter war das Mordwerkzeug nicht auffindbar. Zwar entdeckte die Feuerwehr im Schuppen und in einer Bodenkammer drei Beile, doch wiesen diese keinerlei Blutspuren auf, so daß sie für diese Tat zweifellos nicht in Betracht kommen. Möglich ist ja, daß das Mordwerkzeug unter die Brandtrümmer geraten ist, mit größter Wahrscheinlichkeit darf man aber annehmen, daß der Täter das Beil mitgenommen und irgendwo versteckt hat. Feinde besaßen die Gedlichs nicht, im Gegenteil, sie waren ihres ruhigen, zuvorkommenden Auftretens wegen überall beliebt, auch setzte man ihnen eine gewisse Wohlhabenheit voraus, denn sie waren sehr fleißig und dabei sparsam.

Wegen des Fehlens jeglicher Verdachtsmerkmale steht die Untersuchungsbehörde und die Gendarmerie vor einer sehr schweren Aufgabe.

Daß sich ein Kapitalverbrecher aus irgendeinem Großstadtsumpf nach dem stillen Ruppersdorf verloren hatte, kann man kaum annehmen; in einem sehr anfälligen Mißverhältnis zu der möglichen Beute steht ferner die Schwere der Tat. Freilich weist die

Kriminalgeschichte eine ganze Reihe von Fällen auf, wo Menschenleben um ganz geringer Summen willen planmäßig vernichtet wurden. Erinnert sei nur an den kürzlich in Chemnitz abgeurteilten Doppelmord in Burkersdorf bei Burgstädt. Dort erschlug der 22-jährige Barbiergehilfe Gründig die Eheleute Göller, die einen bescheidenen Gasthof bewirtschafteten und bei denen auch kaum große Kapitalien zu erwarten waren. In Wirklichkeit fielen jenem Burkersdorfer Mörder, der bekanntlich zweimal zum Tode verurteilt worden ist, auch nur etwa 60 Mark in die Hände.

Man kann zwar kombinieren, daß der Mörder der Witwe Gedlich und deren Tochter vielleicht zunächst nur einen Ladenraub beabsichtigt hat, daß er die Witwe durch einen Schlag betäuben wollte, dann aber durch das Hinzukommen der Tochter zu den weiteren Verbrechen hingerissen wurde, aber die Möglichkeit, daß die Tat, so wie sie geschehen, in ihrer ganzen Grausigkeit von Anfang an geplant war, ist ebenfalls durchaus vorhanden.

Man hat auf dem Ladentisch ein Stückchen abgeschnittene Leberwurst, etwa für 10 Pfg. vorgefunden. Höchstwahrscheinlich war der Täter der Besteller. Während die Frau ihn bediente, hat er dann den ersten Schlag geführt. Nun mag die Frau um Hilfe gerufen haben, worauf die Tochter aus dem Nebenzimmer herbeigeeilt kam. Als sie sah, daß ihre Mutter überfallen worden war, ergriff sie ein gerade daliegendes Wiegemesser und eilte damit auf den Mordbuben los. Dieser schlug sie nieder. Die furchtbare Verletzung oberhalb der Stirn kann er ihr erst, als sie schon am Boden lag, versetzt haben, denn die Wunde verläuft genau waagerecht; die tödlichen, tief sitzenden Kopfhiebe kann der Täter auch insofern erst auf die am Boden liegenden Frauen abgegeben haben, als er bei der geringen Stubenhöhe (kaum zwei Meter) gar nicht genügend hatte ausholen können. Eine riesige Blutlache hinter dem Ladentisch beweist, daß die Witwe Gedlich dort erschlagen wurde. Der Mörder muß nun die Leiche neben diejenige der Tochter gezogen haben, denn beide Opfer lagen dicht beieinander. [...]

Um dann die Tat zu verwischen, beschloß der Mordbube, alles in Flammen aufgehen zu lassen. Er begoß die Leichen, nachdem er die blutigen Köpfe mit der Kleidung überdeckt hatte, mit Petroleum und entzündete dieses. Hierauf lief er eine Treppe höher in eine Bodenkammer und legte auch dort Feuer an. Dann verließ er das Haus durch eine nach Norden zu gelegene Seitentür; den Haupteingang hatte er, wahrscheinlich um sich vor Ueberraschungen zu sichern, verschlossen. Niemand sah den Mörder das Haus verlassen; über die von ihm eingeschlagene Richtung besteht daher auch ein völliges Dunkel. Erst die aus dem Dachboden hervorkommenden Rauchwolken lenkten die Aufmerksamkeit der Nachbarn auf das Gedlich'sche Anwesen, und nun ging die Enthüllung der furchtbaren Geschehnisse in der geschilderten Weise vonstatten.

Man kann nur wünschen, daß es bald gelingt, des entmenschten Mordbuben habhaft zu werden; selbstverständlich hat die Tat die Bewohner der Oberlausitz in höchstem Maße beunruhigt, und das Gefühl der Sicherheit wird bei vielen erst wiederkehren, wenn derjenige, der sich so furchtbar gegen Gesetz und Ordnung vergangen hat, unschädlich gemacht sein wird.

Im Laufe des gestrigen Tages sind zwar im Zusammenhang mit dem Doppelmord einige Verhaftungen vorgenommen worden, doch scheinen diese zu keinem Ergebnis geführt zu haben. So nahm man in Leutersdorf zwei Händler fest, die in der Rupperdorfer

Gegend in der letzten Woche mehrfach gesehen worden sind. Ferner wurde der Arbeiter Reinhold Döring aus Oberruppersdorf, der sogenannte Hose-Gottlieb, festgenommen und an Ort und Stelle einem Verhör unterzogen, da man ihn früh in der achten Stunde in der Mordgegend mit Reisigbesen hatte handeln sehen. Alle drei beteuerten lebhaft ihre Unschuld, der Letztgenannte verlangte außerdem energisch, daß man ihm für die Störung in seinem Gewerbe eine Entschädigung zahle. Nun, zunächst hat man ihn einmal in Haft behalten.

Die Untersuchungsbehörde hat natürlich auch die Frage betreffs der Heranziehung eines Polizeihundes ventiliert; man hat aber von der Herbeischaffung eines solchen Tieres Abstand genommen, weil ein Erfolg in diesem Falle von vornherein nicht zu erwarten ist. Die Mordwaffe besitzt man nicht, die Leichen sind angebrannt, zudem alsbald aus dem brennenden Hause in eine benachbarte Scheune getragen worden, und dann ist obendrein noch die Spur der Anwesenheit der vielen Menschen an der Brandstätte und durch den Zusammensturz des Hauses völlig verwischt worden. Bei der Ermittelung des Täters ist man in diesem Falle also allein auf menschlichen Scharfsinn, auf Zufall und nicht zuletzt auch auf ein wenig Glück angewiesen.

Die beiden Leichen werden abends in der sechsten Stunde in die Ruppersdorfer Friedhofshalle gebracht, dort wird alsbald die gerichtsärztliche Untersuchung vorgenommen werden. Gestern früh hatte man Herrn Dr. Tannert aus Neustrahwalde herbeigerufen, doch konnte dieser nur noch den Tod der Witwe und deren Tochter konstatieren. Die ermordete Witwe Gedlich, die übrigens aus Strahwalde gebürtig war, hatte ihren Mann vor etwa zwei Jahren durch den Tod verloren; vor etwa einem Jahre starb ihr ein Sohn.«

»Strahwalde: Dorf, 8,5 km südsüdöstlich von Löbau mit 1313 Einwohnern. Eine Kirche und Geistliche werden schon 1346 erwähnt. Die älteste Kirche soll südlich von der jetzigen, etwa an der Kreuzungsstelle der alten Löbauer Landstraße mit der neuen auf den sogenannten Dreiäckern gestanden haben. An der Stelle einer zweiten wegen Baufälligkeit abgetragenen auf dem jetzigen Platze erbauten Kirche ließ Adam Joachim von Kyaw 1695 – 97 eine neue Kirche erbauen. 1703 warf der Sturm den Turm bis zum Glockenstuhl hinab um. Der neue steinerne Turm wurde erst 1730 vollendet. Diese Kirche wurde 1883 abgebrochen, nachdem der Turm 1882 eingestürzt war und die Kirche stark beschädigt hatte. Der Neubau wurde 1884 vollendet.«

CORNELIUS GURLITT: BESCHREIBENDE DARSTELLUNG DER ÄLTEREN BAU- UND KUNSTDENKMÄLER DES KÖNIGREICHS SACHSEN. AMTSHAUPTMANNSCHAFT LÖBAU, 1910

»Strawalde: eigentlich Jürgen Traugott Hans Böttcher (*8. Juli 1931, Frankenberg/Sa.), deutscher Maler und Filmregisseur, wuchs in Strahwalde/OL auf, studierte 1949/53 Malerei an der Hochschule für Bildende Künste Dresden und 1955/60 Regie an der Hochschule für Film und Fernsehen Potsdam. Seine Filme dokumentieren das sozialistische Arbeitsleben, aber auch Museen, Städte und Auszeichnungsreisen. Sein Spielfilm ›Jahrgang 49‹ (1966) fiel dem Verbot des 11. Plenums des ZK der SED zum Opfer und wurde verboten. Bildkünstlerisch gab sich Jürgen Böttcher das Pseudonym Strawalde, nach dem Ort, in dem er aufwuchs. Seine Werke befinden sich u. a. im Deutschen Bundestag, der Galerie Neue Meister, Dresden, der Nationalgalerie, Berlin, der Wiener Albertina, der Bibliothèque nationale de France und der Boston Public Library. Jürgen Böttcher lebt heute in Berlin-Karlshorst.«

DEFA-STIFTUNG, 2015

»Außer der ermordeten Tochter ist noch eine zweite vorhanden, die in Dresden wohnt, deren Kind (die erwähnte 20-jährige Enkeltochter) sich aber schon seit langer Zeit bei der Großmutter aufhielt; wie erwähnt, war das junge Mädchen früh gegen ½ 6 Uhr auf Arbeit gegangen. Die in Dresden wohnende Tochter der Witwe Gedlich traf gestern Nachmittag, schmerzlich bewegt, in Ruppersdorf an der Bahre der Mutter und Schwester ein.

Die Beute des Mörders dürfte äußerst gering gewesen sein. In der Ladenkasse kann sich bei der frühen Morgenstunde nur ein sehr minimaler Betrag befunden haben, und eine größere Geldsumme (über 100 Mark), die die Witwe Gedlich in einer verschlossenen Lade in der Bodenkammer verwahrt hatte, ist von dem Täter nicht entdeckt worden; mit langem Suchen scheint er sich überhaupt nach Verübung der Verbrechen aus Furcht vor Entdeckung nicht mehr abgegeben zu haben, durchwühlt sah die Wohnung wenigstens nicht aus, übrigens ein Umstand, der dafür spricht, daß der Täter es tatsächlich zunächst nur auf die Beraubung der Ladenkasse abgesehen hatte.

Wenn es hoch kommt, sind dem Unbekannten zehn Mark in die Hände gefallen! Und dafür mußten zwei brave, tüchtige Menschen ihr Leben lassen. Schrecklich hat sich der Täter gegen die menschliche Gesellschaft vergangen, allen sittlichen Gefühlen hat er gehöhnt: aber in der Brust selbst des brutalsten und hartgesottensten Verbrechers sitzt ein unerbittlicher Mahner: das Gewissen! Dieses wird dem Manne hinfort keine Ruhe mehr lassen, tags nicht und nachts nicht, selbst im Schlafe wird der furchtbare innere Mahner sich drohend vor ihm aufrichten und ihm mit Donnerstimme zurufen: Du bist ein Mörder!«

»Gewissen: n. Ahd, *giwißßanī* tritt zuerst bei Notker von St. Gallen um 1000 als Lehnübersetzung des lat. *conscientia* auf, das seinerseits gr. *syneídesis* übersetzt, von Wulfila mit got. *miþwissei* nachgebildet. Der Form nach ist ahd. *giwißßanī* Adj.-Abstr. Zum Partizip *giwißßan*, während in mhd. *giwißßen*, mnd. *gewēten*, nnl *geweten* der Inf. substantiviert ist.«

Friedrich Kluge: Etymologisches Wörterbuch der Deutschen Sprache, 1910

»Gewissen: sittliches Bewusstsein, innere Stimme, Fähigkeit des Menschen, Rechenschaft vor sich selbst abzulegen. In Griechenland ist der Gewissensbegriff im heutigen Verständnis auch als *inneres Wissen (Mitwissen)* erstmals belegt; gesellschaftliche Bedeutung gewann das *Gewissen* im mittelalterlichen Christentum, wobei das heutige Wortverständnis vor allem auf Martin Luther fußt, der *Gewissen* auch im Sinne von *Bewusstsein* und *Gewissheit* verstand. *Gewissen* ist Begriff auch in der Philosophie und Psychologie, außerdem Wort der Rechtssprache, mit dem die Zusammenhänge des Schuldbewusstseins bezeichnet wurden.«

WWW.WISSEN.DE

Einen Tag später setzt das *Bautzner Tageblatt* seine Berichterstattung »Zur Ruppersdorfer Bluttat« fort: »Zu der abscheulichen Bluttat in Ruppersdorf bei Herrnhut, über die wir gestern ausführlich berichteten, wird noch gemeldet, daß es leider auch im Laufe des gestrigen Tages nicht gelungen ist, des Mörders habhaft zu werden. Freilich befindet sich der Arbeiter Reinhold Döring aus Oberruppersdorf noch in Haft, auch führte man ihn gestern zu den Leichen der Erschlagenen, aber schlüssige Beweise gegen ihn besitzt man jedenfalls bis jetzt nicht.

Wundern muß man sich, so schreibt die ›Zittauer Morgenzeitung‹, recht sehr darüber, daß bis gestern Abend keinerlei amtliche Bekanntmachung der Bautzner Staatsanwaltschaft über das Verbrechen und über den möglichen Täter erschienen ist; auch wäre die sofortige Aussetzung einer hohen Belohnung für die Ermittelung des Mordbuben dringend notwendig gewesen. Die Mitarbeit des Publikums kann die Behörde bei einem solchen Falle, wie er hier vorliegt, nicht entbehren; diese Mitarbeit ist aber nur möglich, wenn weiteste Kreise alsbald von dem Verbrechen in Kenntnis gesetzt werden und wenn vor allem eine gewisse Richtschnur zur Verfolgung gegeben wird. Liegen erst einmal ein paar Tage zwischen der Tat und dem Gesuchten, dann schwinden die Aussichten auf Ergreifung des Täters in hohem Maße, besonders wenn, wie im vorliegenden Falle, eine bestimmte Spur fehlt. Arbeitete aber die Presse nicht schneller wie die Staatsanwaltschaft, dann wüßte das Publikum jetzt noch nicht, was in Ruppersdorf eigentlich geschehen ist. Hoffentlich holt die Staatsanwaltschaft das Versäumte auf schleunigstem Wege nach.

Inzwischen hat in Ruppersdorf die Sektion der beiden Leichen stattgefunden. Von örtlicher Seite waren zugegen die Herren Bezirksarzt Dr. von Stieglitz aus Löbau und Dr. Tannert aus Strahwalde; ferner sah man die Herren Staatsanwalt Dr. Schuster aus Bautzen und Amtsrichter Heerklotz aus Herrnhut. Die Untersuchung, die von ½ 10 Uhr früh bis ½ 5 Uhr nachmittags dauerte, ergab, daß der Mörder der Witwe Gedlich fünf Beilhiebe und deren Tochter vier Schläge versetzt hatte. Die meisten Schläge hat der Mörder erst dann ausgeteilt, als seine Opfer bereits am Boden lagen. Die Leichen wiesen ferner hauptsächlich im Gesicht und an der Brust Brandverletzungen auf; aber

selbst wenn das Feuer noch erheblich größere Zerstö-
rungen angerichtet hätte, man wäre den Axthieben,
und damit dem Verbrechen, zweifellos auf die Spur
gekommen. Die Beerdigung der beiden Erschlagenen
soll morgen, Sonntagnachmittag, gegen 2 Uhr von der
Ruppersdorfer Leichenhalle aus erfolgen.

Gestern Nachmittag war übrigens der verhaftete Arbeiter Reinhold Döring zu den Leichen geführt
worden, worauf man ihn nochmals einem eingehenden Verhör unterzog, das allerdings einen negativen
Erfolg hatte. Döring, der in Oberruppersdorf wohnt,
erfreut sich im Orte nur geringer Sympathien; daß
er das schwere Verbrechen begangen hat, bezweifeln
aber diejenigen, die ihn näher kennen. Er tritt barsch
auf und hat einen störrischen Charakter. Beim Anblick der Leichen offenbarte er auch einen ziemlichen
Grad an Gefühllosigkeit. Bezüglich seines Aufenthalts
in der kritischen Zeit verwickelte er sich zunächst in
Widersprüche, dann behauptete er, er sei in den Stein-
brüchen in Ruppersdorf gewesen. Als er verhaftet
wurde, trug er eine dunkelgraue Joppe von dickem
Stoff und eine dunkelfarbige Mütze. Blutspuren konnte man an seinem Anzuge nicht entdecken. Immerhin wäre es möglich, daß er die Kleidung gewechselt
hat. Man soll ihn vor der Tat in der Nähe des Gedlich'schen Hauses gesehen haben; er trug Reisigbesen
bei sich, mit denen er hausieren ging. Es muß freilich
nochmals betont werden, daß ganz bestimmte Verdachtsmerkmale gegen Döring nicht vorliegen und
daß es durchaus im Bereich der Möglichkeit liegt, daß
Döring mit der Tat absolut nichts zu tun hat.

Obwohl der ganzen Umstände wegen die Sache von
vornherein wenig Aussicht auf Erfolg hatte, ist man
doch noch auf die Heranziehung von Polizeihunden
zugekommen. Zwei von diesen vierfüßigen Detek-

tivs, darunter der berühmte Polizeihund ›Hexe‹ aus Radebeul bei Dresden, waren gestern an der Mordstätte tätig. Eins der Tiere nahm eine Witterung auf und verfolgte diese zweimal bis an den Gasthof ›Zum Mohren‹ heran und zurück. Auch nach dem Steinbruch, wo sich der verhaftete Döring aufgehalten haben will, führte man die Polizeihunde, ohne daß sie etwas Besonderes ausrichteten. Alles in allem vermochten die klugen Tiere der schwierigen Verhältnisse wegen keine Erfolge zu erzielen.«

»Polizeihund: Hunde, welche Polizeibeamte in ihrer Berufstätigkeit unterstützen sollen, sind in Belgien seit Ende vorigen, in Deutschland seit Anfang dieses Jahrhunderts eingestellt. Im Exekutivdienst sind Hunde in zahlreichen Ortschaften Belgiens und in vielen größeren und kleineren Städten Deutschlands eingeführt, insbes. im rheinisch-westfälischen und im schlesischen Industriebezirk. Vorbildlich ist der Polizeihundezwinger in Braunschweig, wo zurzeit etwa 20 Hunde Nachtdienst versehen; von dort wurden abgerichtete Diensthunde nach Holland, England, Italien und Rußland abgegeben. Dem deutschen Beispiel folgten die Schweiz, Österreich und Rußland. Die Hunde dienen zur Begleitung der Nachtwachbeamten, insbes. in verrufenen, abgelegenen, weit ausgedehnten und unübersichtlichen Bezirken. Der sinnesfeine Hund mit seiner Abneigung gegen Regelwidriges soll den Posten stehenden oder patrouillierenden Schutzmann auf verdächtige Geräusche oder andere Vorgänge aufmerksam machen, auf Befehl selbständig seitwärts und vorwärts abspüren und Verdächtiges melden. Auch kann er bei der Verfolgung auf frischer Tat Ertappter, bei Verhaftungen und Gefangenentransporten sowie bei Versuchen von Ar-

restantenbefreiung und bei Angriffen oder Überfäl-
len auf Schutzleute, auch bei gemeinsamen ›Streifen‹
von größtem Nutzen sein. Der Hund soll zunächst
nur vorbeugend wirken, nur stellen, die Verhaftung
nur vorbereiten. Aktiv darf er erst in Tätigkeit treten, wenn sein Führer ernstlich bedroht, daher zur
Waffe greifen müßte. Versuche, das Dunkle einiger
Kriminalfälle durch Heranziehen von Hunden aufzu-
helfen, sind schon alt. Sie scheiterten zumeist daran,
daß die Hunde vor eine unmögliche Aufgabe gestellt
oder nicht in sachgemäßer Weise, entsprechend ihren
Fähigkeiten, verwendet wurden. Erfolg ist hier nur
zu erwarten, wenn die Spürhunde bald in Tätigkeit
treten können, wenn Örtlichkeit oder andere Umstände ihnen ausreichende Aufnahme der vom Täter
hinterlassenen Witterung ermöglichen. Auch ist Erfolg zu erwarten, wenn es angeht, dem Hunde der
Tat Verdächtige vorzuführen, damit er deren Witterung mit der am Tatort gefundenen vergleichen kann.
Außer im Polizeidienst finden Hunde auch bei der
Gendarmerie und im Gefängniswesen seitens der
Wach- und Schließgesellschaften Verwendung, ferner als Begleiter der Aufsichtsbeamten in Irrenan-
stalten, Staats- oder bedeutenden Privatbetrieben, im
Grenzzolldienst. Geeignet zur Verwendung sind nur
mittelgroße, dabei aber kräftige, ausdauernde und
bewegliche Hunde mit wetterharter Behaarung. Am
geeignetsten sind Schäferhunde. Die Ausbildung der
am zweckmäßigsten etwa dreivierteljährig roh vom
Schäfer zu beschaffenden Hunde ist sehr leicht. Die
Unterhaltungskosten betragen etwa 10 bis 12 Mk.
monatlich. In Belgien werden nur die landeseinge-
borenen Schäferhunde verwandt, in Deutschland
stellenweise auch die aus England eingeführten, aus
wirtschaftlichen und anderen Erwägungen minder

empfehlenswerten, sonst aber gleichfalls gut geeigneten Airdale-Terrier. Für die Vorbereitung der P. sorgen der Verein zur Förderung der Zucht und Verwendung von Polizeihunden (PHV) in Elberfeld und der Verein für Deutsche Schäferhunde (SV) in München; beide auch durch Abhaltung von Leistungsprüfungen für Diensthunde.«

MEYERS GROSSES KONVERSATIONSLEXIKON, 1903

»Eine polizeiähnliche Tätigkeit eines Diensthundes wurde erstmals Anfang des 12. Jahrhunderts bekannt, als Stadtwächter einen Hund in der französischen Hafenstadt Saint-Malo nachts einsetzten. Bekannt wurden Polizeihunde auch 1816 in England zum Aufspüren von Whiskyschmugglern. 1896 stellte die Stadt Hildesheim für Nachtwächterdienste Doggen ein, dem sich die Städte Schwelm und Braunschweig anschlossen. In Deutschland wurden Diensthunde erst ab 1900 eingesetzt, als Gendarmen ihre Hunde mit auf Streife nahmen. Der erste Einsatz soll am 1. Oktober 1901 stattgefunden haben. Auch der Polizeireformer Franz Friedrich Laufer förderte Anfang des 20. Jahrhunderts die Einführung. Als um 1902 eine Dogge im Polizeidienst bei einem Großbrand die Menschen vom Gefahrenort fernhielt, war das Polizeidiensthundewesen geboren. Als 1904 ein Polizeihund in Braunschweig einen Mörder aufspürte, wurden Hunde nicht nur zum Schutzdienst, sondern auch zum Geruchsspurenvergleich bei polizeilichen Ermittlungen eingesetzt. In der Zeit des Nationalsozialismus wurden auch Diensthunde in Konzentrationslagern eingesetzt. In den 1970er Jahren führte man Spezialausbildungen für Polizeihunde ein. 1972 gab es in Hamburg die ersten Rauschgiftspürhunde. 1976 kamen in Hamburg und Rheinland-Pfalz

Sprengstoffspürhunde hinzu. Deutlich später wurden Geldspürhunde ausgebildet.

Diensthunde sind mit zusätzlicher Ausrüstung ausgestattet. Dazu gehören bei Fährtenhunden und Mantrailern die lange Schleppleine, mit der der Hundeführer an der langen Leine führen kann, Trackingsender für den Hund, um ihn auch außerhalb der Sichtentfernung lokalisieren zu können, und beschusshemmende Westen für Schutzhunde.«

»DIENSTHUND« AUF WWW.WIKIPEDIA.DE

Die Bundespolizei beschäftigte im Jahr 2016 40 900 Mitarbeiter – dazu gehörten rund 600 Diensthunde. Unterscheiden lassen sich dabei Schutzhunde und Sprengstoff-Spürhunde, die unter anderem an Flughäfen und Bahnhöfen im Einsatz sind. Hundeführer-Hund-Teams begleiten auch Demonstrationen und Fußballspiele.

Blieb auch der Einsatz der Polizeispürhunde erfolglos, so war es im Falle des Ruppersdorfer Doppelmordes doch »sehr wichtig, daß man inzwischen die Mordwaffe ermittelt hat. Es ist ein Beil, das in dem Brandschutt der oberen Kammer, wo der Mörder das Haus angezündet hatte, gefunden wurde. Der Stiel war völlig vom Feuer vernichtet, so daß man nur den Stahl als Beweisstück in den Händen hat. Es ist eine kleine Axt, wie sie in fast jedem Haushalt anzutreffen ist. Die Schneide paßt genau in die Wunden am Kopfe der Toten. Die 20-jährige Enkeltochter der ermordeten Witwe Gedlich, der das Beil gezeigt wurde, sagte aus, daß sie dieses noch niemals im Hause gesehen habe. Es liegt also die Vermutung nahe, daß der Täter die Axt mitgebracht und sodann nach geschehener Tat dem Feuer übergeben hat.

Infolge des Ruppersdorfer Verbrechens ist das ganze Gendarmeriekorps der Zittauer Gegend seit Donnerstagmittag fast ununterbrochen auf den Beinen; auch die Zittauer städtische Kriminalpolizei beteiligt sich an den Recherchen. Berichtigt sei zu dem gestrigen Artikel, daß die ermordete Tochter der Witwe Gedlich nicht ein Wiegemesser, sondern ein Wirkmesser (ein solches, wie es die Weber benutzen) in der rechten Hand hatte.«

In Rupperschdorf bei Herrnhut, da worch'n se Kattun.
Wenn har ne worcht und sie ne worcht,
dou worcht d'r gruße suhn.
Und wenn d'r gruße suhn ne worcht,
dou honn'se keen Kattun.

<small>VOLKSMUND</small>

»Wirkerei: Das Wirken bildet mit dem Stricken und Häkeln die *Maschenarbeiten*; dieselben liefern durch Verbindung von Fäden miteinander die Maschenwaren oder elastischen Waren, im Gegensatze zu dem Weben, Flechten, Klöppeln und Knüpfen, welche Arbeiten im wesentlichen unelastische Waren herstellen. Da solche Maschen sich willig gegeneinander verschieben und verziehen lassen, aber immer wieder in ihre erste Lage zurückkehren, geben sie den Wirkungen eine bedeutend größere Elastizität als bei den Geweben vorhanden ist. Die Wirkwaren eignen sich daher besonders gut für Kleidungsstücke, die sich den Körperformen jederzeit zwar fest anschmiegen, ihnen aber auch freie Beweglichkeit gestatten sollen. Die auf den Wirkmaschinen gearbeiteten Waren sind als Gebrauchsgegenstände entweder *reguläre* Waren, deren Teile während des Wirkens ihre richtigen Formen erhalten, feste Ränder haben und beim Zusammennähen die wenigst merklichen Nähte ergeben, oder *geschnittene* Waren, deren Teile aus gewirkten Stoffstücken geschnitten werden, die also in den Rändern zerschnittene Maschen haben und deshalb beim Nähen wulstige Nähte erhalten. Die Form eines regulären Stückes entsteht durch *Vermindern* (Abnehmen, Decken) oder *Vermehren* (Zunehmen, Ausdecken) seiner Reihenbreite. Dabei werden mehrere Randmaschen von ihren Nadeln abgenommen (abgedeckt) und um eine Masche oder zwei nach innen oder außen wieder auf die Nadeln aufgehängt (aufgedeckt). Man benutzt hierzu entweder ein Drahthäkchen, die Mindernadel oder mehrere in einem Handgriff (Decker) befestigte *Decknadeln*, deren jede mit langer Rinne einen Nadelhaken überdeckt und mit ihrer Spitze in die Rinne der Stuhlnadel eingesenkt wird, so daß leicht eine Masche von der einen auf die andre Nadel geschoben werden kann. Zur Erlangung der richtigen Gestalt geschnittener Gegenstände benutzt man Druckformen oder auch Schneidformen (Schnitte), in welch letzteren die Drucklinien durch Wirkmesser angegeben werden, auf die man mehrere Stoffstücke legt, worauf man das Ganze in einer Presse zusammendrückt. Der Schlitten verschiebt auch durch einen Mitnehmer den Fadenführer, welcher den Faden auf die Nadelreihen legt; ebenso führt er zwei *Zungenöffner*, bestehend aus scharfkantigen Bogenstücken (Wirkmesser) oder aus Bürsten, längs der Nadelreihen derart hin, daß dieselben die Zungen der aufsteigenden Nadeln nach unten zurücklegen und somit die Nadelhaken öffnen zum Einlegen des Fadens.

OTTO LUEGER: LEXIKON DER GESAMTEN TECHNIK UND IHRER HILFSWISSENSCHAFTEN, 1910

Da alle bislang eingeleiteten Fahndungsmaßnahmen nicht zum erhofften Erfolg führten, ruft die Bautzner

Staatsanwaltschaft am 14. Dezember die Bevölkerung zur angemahnten Mithilfe auf und lobt für Hinweise, die zur Ergreifung des Mörders führen »500 Mark Belohnung« aus. Es werden Plakate gehängt und alle Zeitungen der Tatortgegend veröffentlichen an prominenter Stelle gleichen Wortlaut:

»Am 8. Dezember dieses Jahres früh zwischen 7 und ½ 8 Uhr sind in Niederruppersdorf bei Herrnhut die 69-jährige verw. Christiane Auguste Gedlich, geb. Müller, und deren Tochter, die 37-jährige Ernestine Pauline Gedlich, offenbar durch Beilhiebe, getötet worden. Wahrscheinlich sind hierbei die Kleider des Täters mit Blut bespritzt worden.

Die Ermordeten hatten die nachverzeichneten Sparkassenbücher in Besitz und zwar Nr. 1090 und 8189 der Sparkasse Niederoderwitz unter dem Namen Reinhold Gedlich und Pauline Gedlich, Nr. 8685, Nr. 111519, Nr. 111520, Nr. 91821, Nr. 76376, Nr. 111518 der Sparkasse in Löbau; das erste auf Pauline Gedlich, das zweite bis vierte auf Christfried Gedlich, das vorletzte auf Emilie Böhmer, das letzte auf Frida Böhmer lautend und Nr. 1474 der Sparkasse zu Herrnhut auf Christfried Gedlich ausgestellt.

Außerdem besaßen die Ermordeten

1 silberne Damenuhr mit goldenem Rande, Nr. 44435,

1 Uhrkette mit Schieber in Herzform mit einem roten und blauen Stein,

1 Zugarmband und

1 goldenen Ring mit einem roten und zwei blauen Steinen.

Diese Gegenstände werden vermißt.

Sachdienliche Wahrnehmungen über den Täter, über die vermißten Gegenstände oder andere Umstände, die auf die Spur des Täters führen könnten, sind dem Untersuchungsrichter, Amtsrichter Herklotz in Herrnhut, oder der Königl. Staatsanwaltschaft Bautzen oder der nächsten Polizeibehörde mitzuteilen. Für die Ermittelung und Ergreifung des Täters oder der Täter wird eine Belohnung von 500 Mark ausgesetzt.

Der Erste Staatsanwalt behält sich jedoch vor, wenn mehrere zu dem Erfolge mitgewirkt haben, die Belohnung unter die mehreren nach völlig freiem Ermessen zu verteilen.

Bautzen, den 13. Dezember 1910

Der Königliche Erste Staatsanwalt

Dr. Böhme, Oberstaatsanwalt«

Das *Bautzener Tageblatt* fährt im Artikel unterm Hinweis »Siehe auch die amtliche Bekanntmachung in der Beilage der heutigen Nummer« kritisch fort. »Die Morde mehren sich in letzter Zeit in erschreckendem Maße, das beweist auch der Mord in Berlin, (siehe unter ›Neueste Telegramme‹), und es wäre zu wünschen, daß auch in Sachsen etwaige Belohnungen für Ermittelung des Täters ebenso schnell ausgesetzt werden wie in Preußen, wo, wie der Berliner Fall zeigt, die Ausschreibung schon am Tage der Entdeckung der Tat erfolgt ist. Das kann freilich in Sachsen nur geschehen, wenn den Oberstaatsanwälten die Berechtigung zu selbständiger Aussetzung von Belohnungen etwa bis zur Höhe von 1.000 Mk. verliehen würde.«

Tatsächlich nimmt die Bevölkerung den Fahndungsaufruf zur Kenntnis und sagt aus. Mehrere Zeugen können sachdienliche Hinweise geben. So merkt der *Volksbote* am Tage darauf an: »Ruppersdorf: Zur Mordaffäre wird gemeldet, daß am gestrigen Dienstag und heutigem Mittwoch seitens der Staatsanwaltschaft die Vernehmung mehrerer Ruppersdorfer

Einwohner erfolgte, die aber, wie verlautet, etwas Wesentliches nicht ergeben haben, so daß man noch völlig im Unklaren ist. Der als verdächtig Inhaftierte Steinbrecher und Besenbinder Döring, welcher sich noch in Haft befindet, bestreitet nach wie vor die Tat. Er scheint aber noch andere Sachen auf dem Kerbholze zu haben, denn er hat bei der Vernehmung von Anfang an gelogen und sich dadurch in Widersprüche verfangen. So wollte er Frau Gedlich anfangs gar nicht kennen, jetzt ist ihm aber nachgewiesen worden, daß er mit ihr die Schule besucht hat. Er war als Holzdieb bekannt.

Zur Zeit verfolgt die Polizei noch andere Spuren, die hoffentlich bald zur Klärung führen. Wichtig ist, daß alle Wahrnehmungen auch von anscheinend ganz unwesentlicher Bedeutung der Staatsanwaltschaft mit Namensnennung des Einsenders bekannt gegeben werden.

Von dem Bargelde der Frau Gedlich ist ein Teil in Gestalt von Silbermünzen im Brandschutt gefunden worden. Der Verbrecher hat es also nicht gefunden. Allgemein nimmt man an, daß der Mörder die Frauen kannte.«

»Ihr freudeschimmernden, lichten Tage des Weihnachtsfestes – ihr nahet wieder mit eurer Poesie und eurem Tannenduft. Jung und Alt jauchzt euch entgegen und weit öffnen sich die Herzen aller in dem Bestreben, andern eine Freude zu bereiten.

Weihnachten – auch ich kann mich diesem Zauberbann nicht entziehen und will freudig mein Scherflein dazu beitragen, meinen lieben Kunden das Fest zu verschönern – Freude hinzutragen in manche Familie. Es liegt zwar nicht in meiner Macht, alles Unheil der Welt zu bannen, aber mildern kann ich wohl manches und dem Wunschzettel meist seinen Schrecken nehmen. Durch meine sprüchwörtlich bekannte kulante Kreditgewährung ermögliche ich jedem die Erfüllung seiner Wünsche. Vom einfachsten Küchenstuhl bis zur kompletten Wohnungseinrichtung. Von der einfachsten Joppe bis zum elegantesten Paletot oder Anzug. Vom anspruchslosesten Mädchenkleid bis zum schickesten Damenkostüm. Riesenauswahl an Wäsche, Gardinen, Teppichen, Puppenwagen, Sprechmaschinen, Lampen usw. Alles liegt ausgebreitet in unendlicher Auswahl und zur Erwerbung auf leichtesten Kredit.

Stets bereit, meinen werten Kunden die denkbar größten Vorteile zu gewähren, brauchen die neu hinzutretenden Kunden mit den Ratenzahlungen erst nach dem Neujahrsfest zu beginnen. Jeder Kunde und Käufer erhält aus meiner einzig dastehenden gratis Weihnacht-Bescherung völlig umsonst die schönsten Geschenke, als da sind Spielwaren, Glas, Porzellansachen, Bijouterien, Lederwaren, Hüte, Stöcke usw. für sich und seine Kinder geschenkt;

bei reiflicher Ueberlegung und nachdem Sie Vergleiche angestellt haben, müssen Sie zu der Ueberzeugung gelangen, daß für Sie nur eine Firma in Betracht kommt, und diese ist das

Waren-, Möbel und Kredithaus
Otto Fietze (vormals S. Gottlieb)«

WERBUNG, 17.12.1910

»Einer sagt's dem andern«, »Für den Weihnachtstisch«, »Für unsere Kleinen«, »Das passendste und sinnigste Geschenk« – die Werbeslogans liest man in allen Zeitungsblättern, man sieht sie auf den Reklamebildchen und erblickt sie in den Schaukästen der Einkaufsstraßen und weiß: Nur noch wenige Türchen am Weihnachtskalender öffnen sich – dann ist Bescherung! Auch in der Polizeiarbeit hinterlässt das bevorstehende Fest Spuren: Das *Bautzner Tageblatt* schreibt am 20. Dezember: »Ruppersdorf. Zu dem Doppelmord wird gemeldet, daß der verhaftete Besenhändler Döring am Sonnabend aus der Haft entlassen worden ist, er besuchte am Sonntag den Gottesdienst in Ruppersdorf. Neu verhaftet wurde dagegen am Sonnabend der 1886 in Ruppersdorf geborene Bauhilfsarbeiter Gerhard Süßmann. Der Verhaftete ist unverheiratet und wohnte bei seinen Eltern in dem Ortsteil Neuhäuser. Er war seit Sonnabend auf dem Bau des Rettungshauses in Berthelsdorf beschäftigt, wo auch seine Verhaftung erfolgte. Vor wenigen Tagen war er bei Aufräumarbeiten auf der Brandstelle mit beschäftigt. Süßmann war zuletzt 14 Tage in der Bautzner Gegend beim Legen von Kabeln für elektrische Leitungen beschäftigt und hat seit dem 1. Dezember ohne Arbeit in hiesiger Gegend sich aufgehalten, bis er Ende voriger Woche Arbeit am Rettungshausbau annahm. Er ist ein großer, kräftiger, gewandter Mensch, hat bei der Artillerie gedient und hat auf der Arbeitsstätte seine Ahnung von der voraussichtlichen Verhaftung durch die Worte ›sie werden mich holen‹ kundgegeben. Die Verdachtsmomente sind sehr wesentlich«, haben die Zeugenaussagen ergeben.

Auch ein anderer Mann aus Berthelsdorf gerät unter Verdacht: »In der Gedlich'schen Mordaffäre wird gegenwärtig von der Gendarmerie auch nach dem 67 Jahre alten Gelegenheitsarbeiter Karl Gottlieb Michler gebürtig aus Berthelsdorf gefahndet. Michler, ein mehrfach vorbestrafter Mensch ohne festen Wohnsitz, dürfte sich in der hiesigen Gegend umhertreiben. Durch gewisse Aeußerungen, die er vor der Tat anderen gegenüber getan hat, ist die Aufmerksamkeit der

Behörden auf ihn gelenkt worden. – Als sicher übrigens ist anzunehmen, daß die von der Staatsanwaltschaft als vermißt gemeldeten Sparkassenbücher nicht gestohlen, sondern verbrannt sind, denn tatsächlich hat man im Brandschutt Reste von den Büchern gefunden; auch die anderen vermißten Sachen sind vermutlich durch Feuer vernichtet worden. Nach alledem kann dem Mörder nur wenig oder gar nichts in die Hände gefallen sein.«

Für die Ermittler bleibt die Bescherung aus: Des Mordfalls Lösung findet sich nicht unterm Weihnachtsbaum. Die Fahndung läuft auch an den Feiertagen. Im *Bautzner Tageblatt* liest man am Heiligen Abend: »Ruppersdorf. Wie gemeldet, wurde in der Gedlich'schen Mordaffäre auch ein gewisser Michler aus Berthelsdorf von der Staatsanwaltschaft gesucht, da er vor dem Mord angeblich verdächtige Aeußerungen getan hatte. Michler ist jetzt verhaftet worden und in das Untersuchungsgefängnis in Herrnhut eingeliefert worden. Weiter wird gemeldet: Bei einer kürzlich stattgefundenen Haussuchung bei dem der Tat dringend verdächtig erscheinenden 24 Jahre alten Arbeiter Süßmann soll u. a. auch eine Masse Schundliteratur gefunden worden sein. Man erzählt, daß die Hefte des Romans ›Der Schädelspalter‹ obenauf gelegen hätten.«

»Voller Empörung und zugleich erschüttert lesen wir oft von Verbrechen und Greueltaten, die von Jugendlichen verübt wurden. Aber achselzuckend gehen wir hinweg über den häufig in der Presse gemachten Zusatz: ›Der Einfluß der Schundliteratur macht sich auch in diesem Falle wieder geltend.‹ Wir können uns kaum die einschneidende Wirkung der Lektüre klar machen, weil wir als Erwachsene glücklich an dieser

Klippe vorüber sind und kaum begreifen, wie überhaupt jemand an den berüchtigten bunten Heften Gefallen finden kann.

Lesen wir aber die Umsatzziffern der Schundliteratur, dann kann uns doch ein Gruseln überfallen. In vielen Millionen gehen jährlich die bunten Hefte hinaus in die Welt, in die Hütte, in den Keller, in die Dachstube, in die Mägde- und Gesindestuben, kurz überall hin, wo junge Menschenkinder ihre Hand ausstrecken nach allem, was glänzt und gleißt und lockt und – gruselig ist. Millionen von jungen hungrigen Seelen nehmen gierig das Gift in sich auf, das ihnen köstliche Labe dünkt. Die gesunde Urteilskraft wird durch solche Lektüre getrübt, der Glaube an Törichtes, Ungereimtes, Absurdes gestärkt, aller Art von Aberglauben Tür und Tor geöffnet.

Die Jugend mit ihrer lebhaften Phantasie braucht Anregung, Unterhaltung, Brennstoff für das Feuer ihrer Seele. Es ist auch nicht weiter gefährlich, wenn die Geschichten dann und wann ins Abenteuerliche und Phantastische hinüberspielen, wie wir das ja bei den Sagen und Märchen aller Zeiten und Völker haben, ohne daß diese das Kindergemüt vergifteten. Das Kind weiß dabei eben ganz genau: Das ist ja nur ein Märchen! Und dann sind alle Märchen von dem Geiste sittlicher Reinheit, ja oft von einer gewissen unverfälschten kernigen Moral getragen, während die Schundliteratur sich einerseits den Mantel der Wahrheit umhängt und andererseits mit den abscheulichsten Motiven operiert.

Was können wir Frauen nun tun im Kampfe gegen diesen gefährlichen Feind, dessen Macht wir nicht unterschätzen dürfen? Viel, unendlich viel! In erster Linie gilt es, die Lektüre unserer eigenen Kinder aufs strengste zu überwachen. Man wähle ruhig aus dem großen Schatze der Weltliteratur das aus, was dem kindlichen Bedürfnis nach Buntheit, Phantastik und Größe Rechnung trägt. Erwischt man aber seinen Jungen oder gar das Töchterchen dennoch über gefährlicher Lektüre, so reiße man sie ihm nicht einfach aus der Hand, denn das Verbotene reizt bekanntlich doppelt, sondern man gehe selbst das Buch mit dem Kinde durch und weise es auf den Unsinn des Inhalts hin. Appelliere an die eigene Urteilsfähigkeit und das Ehrgefühl der Kinder, so sind sie leicht zum Guten zu beeinflussen. Dann aber sorge man für ausgiebigsten Ersatz durch gute Bücher.«

ANONYMUS: »DIE BUNTEN HEFTE, IN: BIBLIOTHEK FÜR ALLE, 4/1912

Am 29. Dezember wird gemeldet: »Ruppersdorf. Von der Gendarmerie in Oberlichtenau wurde ein Bettler und Landstreicher aus Ruppersdorf festgenommen, der von der Königl. Staatsanwaltschaft Bautzen in Sachen des Ruppersdorfer Doppelmordes gesucht wird. Seinen Aufenthalt am Mordtage hat er nicht nachweisen können. – Der verhaftete Michler, der unter dem Verdacht des Doppelmordes steht, ist als komischer Mensch bekannt und hatte unvorsichtigerweise einige Bemerkungen, die auf den Ruppersdorfer Mord Bezug haben konnten, getan. Es scheint jetzt aber vollständig ausgeschlossen zu sein, daß er in irgend einer Weise als verdächtig in Betracht kommen könnte.« Die Verhaftung führt nicht zur Überführung eines Mörders. Doch weisen Zeugen aus Spitzkunnersdorf auf ein weiteres Verbrechen hin, das offensichtliche Parallelen zur Ruppersdorfer Gewalttat aufweist.

Spitzkunnersdorf. Kirchdorf 10 km nordwestlich von Zittau im Süden der Oberlausitz, nahe der tschechischen Grenze gelegen. 1347 als Cunarsdorf erstmals urkundlich erwähnt. Lehnsherr Otto Ludwig von Kanitz ließ an Stelle der alten Kirche 1716 eine neue errichten. 1800 hielt sich Räuberhauptmann Johannes Karasek in der Gemeinde auf. 1805 wurden die Ortsteile Neudorf und Wiesenthal angelegt. In Letzterem gibt es seit 1834 die erste Wiesenthalschule für Holzbau, eine zweite für Steinbau kam 1910 dazu. Seit 1834 bewegt sich die Bevölkerungszahl um 2 000 Bewohner. (Seit 1998 ist Spitzkunnersdorf Leutersdorf eingemeindet.)

NACH CORNELIUS GURLITT: BESCHREIBENDE DARSTELLUNG DER ÄLTEREN BAU- UND KUNSTDENKMÄLER DES KÖNIGREICHS SACHSEN. AMTSHAUPTMANNSCHAFT ZITTAU, 1906

Das *Bautzner Tageblatt* berichtet am 4. Januar 1911: »Endlich scheint sich das geheimnisvolle Dunkel zu lüften, das noch immer über der entsetzlichen Bluttat von Ruppersdorf schwebte und das wie ein beängstigender Alb auf allen Gemütern lastete. Und zwar ist es ein ähnlicher, aber glücklicherweise weniger grauenhaft verlaufener Fall, der sich fast unter gleichen Umständen am 15. Juni verg. Js. in Spitzkunnersdorf zugetragen hat, der die Sachlage mit einem Schlage erhellen dürfte. Auch dort hatte ein Unbekannter die Inhaberin eines kleinen Materialwarengeschäftes, nachdem er für 10 Pfg. Wurst bestellt hatte, gewürgt und niedergeschlagen, so daß der Frau das Blut aus Mund und Ohren quoll. Nur der Umstand, daß sie in tiefe Ohnmacht fiel, aus der sie erst nach ¾ Stunden wieder erwachte, dürfte sie vor einem gleichen Schicksale wie die Ruppersdorfer Opfer bewahrt haben. Während dieser Zeit hatte der Unbekannte alles an sich gebracht, was er für besonders wertvoll hielt und war spurlos verschwunden. Unter den geraubten Gegenständen befanden sich auch ein Portemonnaie und eine Brieftasche, und diese beiden Sachen sollten ihm zum Verräter werden. Dieser Tage nämlich äußerte der Ehemann der seinerzeit überfallenen Spitzkunnersdorfer Geschäftsfrau dem Gendarm gegenüber, daß beide Fälle recht ähnliche Merkmale aufwiesen und daß er fast glauben möchte, als Täter könne nur ein und dieselbe Person in Frage kommen. Er erwähnte auch die geraubte Brieftasche und das Portemonnaie, worauf der Gendarm entgegnete, daß ein in der Angelegenheit Verhafteter namens Süßmann ähnliche Sachen in seinem Besitze habe. Bei Vorlegung der Brieftasche und des Portemonnaies ergab sich sodann die überraschende Tatsache, daß es sich um die in Spitzkunnersdorf geraubten Sachen handelte, die der Besitzer mit großer Bestimmtheit als sein Eigentum reklamierte, so daß zunächst die Spitzkunnersdorfer Tat als geklärt zu betrachten ist. Bei der Gleichartigkeit der beiden Verbrechen und dem gegen Süßmann schon bestehenden Verdachte ist es sehr wahrscheinlich, daß dieser mit der entsetzlichen Bluttat, der zwei Menschenleben zum Opfer fielen, in irgendeinem Zusammenhang steht und daß diese nunmehr ihrer völligen Aufklärung und damit ihrer Sühne entgegengeführt wird. Von anderer Seit verlautet sogar, daß die Untersuchung bereits abgeschlossen ist und der Fall schon in der nächsten Schwurgerichtsperiode zur Verhandlung gelangt. Der verhaftete Süßmann ist etwa 25 Jahre alt, er diente bei den Gardereitern und war Soldat 2. Klasse. Im Untersuchungsgefängnis legt er wie auch sonst ein ziemlich freches und herausforderndes Benehmen an den Tag.«

Die *Sächsische Volkszeitung* lässt am 15. Januar 1911 wissen: »Bautzen, 13. Januar. Der Ruppersdorfer Doppelmörder Süßmann ist gestern Abend von Herrnhut nach der hiesigen Königl. Haftanstalt übergeführt worden. Mit recht war die Ueberführung geheim gehalten worden; trotzdem hatte sich am Bahnhofe eine

Anzahl Publikum eingefunden, aus dessen Mitte drohende Rufe laut wurden.«

Die Beweise liegen klar. Der Täter hat gestanden. Kaum einen Monat später steht »Der Raubmörder Süßmann vor den Geschworenen«.

11. Februar 1911: »Bautzen: Mit Blitzgeschwindigkeit durcheilte am 8. Dezember 1910 die Kunde von einem grausigen Verbrechen die ganze Lausitz und die weitere Umgebung und versetzte die Gemüter in große Erregung. In Niederruppersdorf bei Herrnhut war am Morgen des 10. Dezember gegen 8 Uhr das Wohnhaus der 69 Jahre alten Materialwarenhändlerin Christiane Auguste Gedlich in Flammen aufgegangen, die zur Hilfe herbeieilenden Ortsbewohner fanden zu ihrem Entsetzen in dem im Hause befindlichen Kramladen die Leichen der verw. Gedlich und ihrer 37 Jahre alten Tochter Ernestine Pauline led. Gedlich vor. Bei den Frauen war der Kopf durch scharfe Beilhiebe gespalten, die Leichen waren mit Petroleum begossen und angezündet worden. Die Gedlichs waren ordentliche, sparsame Leute von bestem Rufe und galten als wohlhabend. Mit ihnen teilte die Wohnung noch eine Enkeltochter der verw. Gedlich, die 20-jährige Frida Böhmer. Das Haus war außerdem noch von dem Privatus Wilhelm Julius Hirche bewohnt. Die schreckliche Tat mußte in der Zeit früh ½ 8 bis 8 Uhr geschehen sein. Frida Böhmer war schon viel zeitiger auf Arbeit nach einer Fabrik gegangen, Hirche war im Keller nach Wasser gewesen und hatte nichts wahrgenommen. Als Täter konnte nur ein Mensch in Frage kommen, der die Oertlichkeiten und die Verhältnisse der Gedlichs genau kannte. Staatsanwaltschaft und die Polizeibehörden entwickelten eine fieberhafte Tätigkeit. Als Verdächtiger wurde zuerst der Besenbinder Döring in

Haft genommen, dessen Unschuld sich später herausstellte. Dann lenkte sich aber bald der Verdacht auf den am 20. Mai 1886 in Niederruppersdorf geborenen ledigen Erdarbeiter Paul Gerhard Süßmann.

Süßmann war als arbeitsscheu, gemütsroh und anmaßend bekannt, führte aber gern ein flottes Leben. Gerichtlich war er noch nicht bestraft, es ging ihm aber jedermann aus dem Wege, auch las er gern allerhand Schundromane. Er hatte auch Schulden und gewußt, daß die Gedlichs Geld besaßen. Während des Brandes und nach demselben hatte er sich besonders durch zynische Reden hervorgetan. Der Verdacht verdichtete sich immer mehr, und schließlich wurde Süßmann verhaftet. Hartnäckig und kaltblütig leugnete er die Tat. Während der gegen ihn geführten Untersuchung wurde aber unter seinen Habseligkeiten eine Brieftasche gefunden, die bei einem am 15. Juni 1910 auf die 62 Jahre alte Materialwarenhändlerin Marie verehel. Rätze geb. Linke in Spitzkunnersdorf verübten Raubmordversuch mit geraubt worden war. Der damals unbekannte Täter hatte am genannten Tage die verehel. Rätze in ihrem Laden überfallen, bis zur Bewußtlosigkeit gewürgt, dann in deren Wohnung Behältnisse erbrochen und neben der Brieftasche und dem Portemonnaie noch 80 Mk. bares Geld mitgenommen. Als durch den Fund der gestohlenen Gegenstände die Schuld Süßmanns an dem Ueberfall auf die Rätze nachgewiesen war, legte er ein Geständnis auch betreffs der Brandstiftung in Niederruppersdorf und der Tötung der Gedlichs ab, wollte aber den Glauben erwecken, als habe er die Tötung ohne Ueberlegung ausgeführt.

In der heutigen Verhandlung fand ein enormer Menschenandrang statt. Schon am gestrigen Abend waren viele Fremde hier eingetroffen, um sich heute einen

Platz im Zuhörerraume des Schwurgerichtsaales, der nur ca. 100 Personen faßt, zu sichern. Die Treppenaufgänge waren durch Polizeibeamte abgesperrt, die nach Füllung des Zuhörerraumes weiteren Andrang abhielten. Den Vorsitz führte Landesgerichtsdirektor Dautenhahn, die Anklage begründete Oberstaatsanwalt Dr. Böhme, als Verteidiger war Rechtsanwalt Marschner, Bautzen, bestellt. Zur Ueberführung Süßmanns waren 18 Zeugen und als Sachverständige Dr. med. Blaschick aus Leutersdorf, Bezirksarzt Medizinalrat v. Stieglitz, Löbau, und Bezirksarzt Sauer, Bautzen, geladen.

Als Geschworene waren ausgelost: Fabrikdirektor Mengen, Ostritz, Landwirt Dittrich, Hainewalde, Fabrikbesitzer Dr. Müller, Sebnitz, Oberförster Russig, Ohorn, Gutsbesitzer Fiedler, Pohla, Brauereibesitzer Böhme, Großharthau, Fabrikbesitzer Glathe, Niederorderwitz, Rittergutsbesitzer von Walter Jeschki, Pietzschwitz, Privatmann Garten, Pulsnitz, Kommerzienrat Hünlich, Wilthen, Handelsgärtner Großer, Seifhennersdorf und Bäckereiobermeister Lehmann, Bautzen.

Nach Auslosung und Vereidigung der Geschworenen wurde die Anklage verlesen. Sie lautete:

ERÖFFNUNGSBESCHLUSS

Der am 20 Mai 1886 in Niederruppersdorf geborene, zuletzt daselbst wohnhaft gewesene Erdarbeiter Paul Gerhard Süßmann erscheint hinreichend verdächtig, I. am 15. Juni 1910 in Spitzkunnersdorf

1. den Entschluß, einen Menschen, nämlich die Materialwarenhändlerin Marie verehel. Rätze geb. Linke, daselbst zu töten, durch vorsätzliche und mit Ueberlegung ausgeführte Handlungen getätigt zu haben, welche einen Anfang der Aus-

führung des beabsichtigten, aber nicht zur Vollendung gelangten Verbrechens des Mordes enthalten und zugleich

2. mit Gewalt gegen die Person fremde bewegliche Sachen, nämlich etwa 80 Mk. Geld, ein Portemonnaie und eine Brieftasche der genannten Rätze, in der Absicht mitgenommen zu haben, sich dieselben rechtswidrig anzueignen.

II. am 8. Dezember 1910 in Niederruppersdorf

1. vorsätzlich zwei Menschen, nämlich die Materialwarenhändlerin Christiane Auguste verw. Gedlich und deren Tochter Ernestine Pauline ledige Gedlich, daselbst getötet und in beiden Fällen die Tötung mit Ueberlegung ausgeführt zu haben und zugleich

2. mit Gewalt gegen die Person fremde bewegliche Sachen, nämlich Geld, den genannten Gedlichs in der Absicht sich dieselben rechtswidrig anzueignen weggenommen und bei der Begehung der Tat eine Waffe bei sich geführt zu haben.

III. am 8. Dezember 1910 in Niederruppersdorf vorsätzlich das der verw. Gedlich gehörige Haus Nr. 88, das ihr und anderen zur Wohnung diente, in Brand gesetzt zu haben:

zu I.   1. Verbrechen nach § 211, 43
         2. Verbrechen nach § 249
zu II. 1. Verbrechen nach § 211
         2. Verbrechen nach § 249, 250 I.
zu III. Verbrechen nach § 306,2, verbunden mit § 74 bez. 73 des R.-Str.G.B.

Süßmann, der von zwei Dienern gefesselt in den Saal gebracht worden war, ist ein kräftiger Mensch von mittlerer Größe, vollem frischen Gesicht mit dunklem Haar und kleinem Schnurrbärtchen. Auf dem Gerichtstische stehen zwei Gefäße mit den präparierten Schädeldecken der Gedlichs, das zum Morde benutzte Beil, eine große Anzahl der Hefte von Schundromanen, u. a. ›Gustav Nessel, der Schädelspalter‹! Der Angeklagte gab auf Befragen, ob er schuldig sei, zur Antwort: ›Ich habe es getan.‹

Vom Vorsitzenden wird festgestellt, daß Süßmann in Niederruppersdorf die Volksschule und Fortbildungsschule besucht, dann in der Landwirtschaft und als Erdarbeiter gearbeitet hatte. Bis November 1910 hatte er gearbeitet, Ersparnisse nicht gemacht, aber Schulden. Schon als Knabe hatte er Steine auf Bahnschienen gelegt, einen Fichtenzaun in Brand gesteckt, eine Magd mit einem Düngerhaken bedroht, auf Tanzsälen das Messer gezogen. Er pflegte, flott zu leben, wenn er Geld hatte, zum Besten zu geben.

Es wurde zuerst der Spitzkunnersdorfer Fall erörtert. Süßmann erklärte hierzu: ›Mitte Juni 1910 war ich arbeitslos, da kam ich einmal nach Spitzkunnersdorf, ging in den Laden der Rätze und kaufte zwei Zigarren für 10 Pfg. Es war noch eine Frau bei der Rätze. Das war am 14. Juni. Am nächsten Tage ging ich bei der Rückkehr von Großschönau wieder zur Rätze hinein, weil es regnete. Als ich sah, daß die Frau allein war, kam mir der Gedanke, mir Geld zu verschaffen aus der Ladenkasse. Ich wollte die Frau vorher betäuben, dann auch oben stehlen. Die Rätze wusch in der Hausflur. Ich sagte: ‚Ich muß wieder bei Ihnen eintreten‘, es regnete stark. In der Hausflur setzte ich mich auf einen Stuhl, verlangte Wurst. Die Rätze ging in den Laden, legte Wurst und Semmel hin, ich zog das Portemonnaie, suchte darin herum und sagte, ich hätte das Geld zu Hause gelassen. Die Rätze ging schnell aus dem Laden, ich dahinter her. Als ich niemand sah, wollte ich dann die Tat verüben. Auf Verlangen gab mir die Frau ein Glas Wasser, dann ging ich auf den Abort. Vor dem Hause unterhielt ich mich dann mit der Rätze über die Witterung, über die Katze und die Hühner, weil ich auf eine günstige Gelegenheit wartete. Die Rätze wollte dann Kartoffeln hacken gehen, da bat ich sie, mir die Wurst und die Semmel zu borgen, ich wollte sie am nächsten Tage bezahlen. Nunmehr ging die Rätze nochmals in den Laden, ich dahinter her. Dann habe ich sie von hinten am Genick und an der Kehle gefaßt und habe sie gewürgt, sie sank zusammen, ich ließ erst los, als sie blau war. Dann nahm ich das Geld aus der Kasse, ging oben herauf und habe aus einem Schränkchen, aus einer Kommode und Lade Geld, ein Portemonnaie und eine Brieftasche genommen und bin fortgegangen, nachdem ich die Haustür verschlossen hatte. Das Geld wollte ich wieder los sein, ich habe es schnell ausgegeben. In der Zeitung habe ich die Sache von Spitzkunnersdorf gelesen, ich war froh, daß sie nicht weiter verletzt war.‹

Vorsitzender: ›Sie sollen aber dreimal dort gewesen sein, am 13., 14. und 15. Juni. Am 13. Juni sollen Sie doch die Ladenkasse schon ausgeräumt haben. Das sind Sie nicht gewesen?‹

Süßmann: ›Nein, ich war nur zweimal dort.‹

Bis 5. November hatte Süßmann bei dem Drainiermeister Bitterlich in Eibau gearbeitet, an diesem Tage die Arbeit niedergelegt, damals will er noch 30 Mk. gehabt haben, früher hat er unterdessen zugegeben, er habe damals nichts mehr gehabt. Bis 1. Dezember hat er dann noch an anderer Stelle gearbeitet, dann nicht mehr. Er wohnte bei seinen Eltern. Am 8. Dezember will er noch 40 – 50 Mk. gehabt haben.

Ueber die Ruppersdorfer Tat äußerte sich Süßmann wie folgt: ›Ich stand ½ 8 Uhr früh auf und ging gleich fort. Früher habe ich angegeben, ich hätte mir wollen Arbeit suchen, auch im Walde einen Christbaum holen wollen, das ist aber nicht wahr, ich wollte ein Beil in die Schmiede zum Schärfen schaffen.‹

Vors.: ›Lügen Sie doch nicht, da hatten Sie doch früher keinen Grund, dies zu verschweigen.‹

Süßmann: ›Erst unterwegs kam mir der Gedanke, mir bei Gedlichs Kautabak zu holen, ich dachte dann, da kannst du es vielleicht so machen, wie in Spitzkunnersdorf. Ich wollte soviel haben, daß ich mich selbständig machen konnte. Auf die Ladenkasse hatte ich es nicht abgesehen, ich wollte eben Geld haben, ich wußte, daß die Gedlichs Geld hatten. (Süßmann wohnte nur 400 Meter von Gedlichs entfernt.) Bis dahin wollte ich die Gedlichs nicht töten, erst als mir die Gedlich ins Gesicht sah, kam mir die Absicht. Als ich hineinkam, klingelte es, die ledige Gedlich kam, ich verlangte Kautabak, sie gab mir im Laden welchen und wickelte ihn ein, sie stand mir gegenüber. Erst wollte ich sie erwürgen, ich griff ihr nach der Kehle, da sprang sie zurück und schrie, ich schlug dann mit dem Beile zu. Das Beil hatte ich vorher an der Ladentafel angelehnt. Als die Tochter schrie und ich schlug, kam die Mutter von der Hausflur herein, die habe ich dann auch erschlagen. Dann nahm ich das Beil und ging hinauf, um das Geld zu holen. Vorher hatte ich die Haustür von innen zugeschlossen, den Schlüssel stecken lassen. Das war nach ¾ 8 Uhr.‹

Früher hatte er versichert, er hätte mit der Tochter wegen einer gemeinen Aeußerung, die sie getan habe, Streit bekommen, die alte Gedlich sei mit dem Beil dazu gekommen, er habe es ihr entrissen und sie zusammengeschlagen, später auch die Tochter.

Süßmann: ›Nach Geld habe ich aber oben nicht gesucht, ich wollte die Tat verbergen und anzünden, es klinkte an der Haustür. Da zündete ich ein Bett an, ließ das Beil liegen und flüchtete durch die Hintertür. Später ging ich zum Feuer und half beim Löschen.‹

Vorsitzender: ›Sie müssen doch aber Geld genommen haben, Sie haben doch größere Ausgaben gemacht. Das bare Geld der Gedlichs war doch in Kommoden und Schränken aufbewahrt, im Schutt hat man an der Stelle nichts gefunden.‹

Süßmann: ›Ich habe nichts genommen.‹

Der Angeklagte gab noch zu, daß er viel Schundromane gelesen hatte.

Vorsitzender: ›Süßmann, Sie haben die Rätze gewürgt, daß es als ein Wunder zu betrachten ist, daß sie mit dem Leben davongekommen ist, sie war fast eine Stunde besinnungslos. Die alte Gedlich hatte im Gesicht eine Wunde vom Mund bis zum Ohr, daß man in den Mund greifen konnte, drei lange klaffende Wunden am Hinterkopf, die Tochter hat eine Wunde vom Hinterkopf bis durch ein Auge, eine an der Stirnseite, auf dem Hinterkopf vier Wunden. Sie müssen außerordentlich stark zugeschlagen haben. Sie haben doch auch Petroleum auf die Leichen gegossen und angezündet.‹

Süßmann: ›Ich kann mich nicht besinnen, ich will es aber nicht bestreiten.‹

Es wurde nunmehr in die Beweisaufnahme eingetreten und als erster der Fabrikarbeiter Jähritz, Oberkunnersdorf vernommen. Es war ihm aufgefallen, daß Süßmann viel Geld habe aufgehen lassen und andere freigehalten, auch sonst stets viel aus sich gemacht habe. Gendarm Höhne, Eibau, bestätigte, daß Süßmann früher einmal eine Magd mit einem Düngerhaken bedroht habe, sonst sei er ein guter Arbeiter gewesen. Höhne gab eine Schilderung des Zustandes an der Brandstelle in Niederruppersdorf, er war schon früh nach 9 Uhr dort eingetroffen und erklärte, es habe ein buntes Durcheinander geherrscht, jede Spur des Täters sei verwischt gewesen.

Zeugin Materialwarenhändlerin verehel. Rätze, Spitzkunnersdorf, erklärte bestimmt, Süßmann sei bereits am 13. Juni bei ihr gewesen und habe zwei Zigarren gekauft, ebenfalls am 14. Juni. Beide Male habe er ein scheues Wesen gezeigt. ›Am 15. Juni kam er wieder, erzählte, er habe einen Grünwarenhandel und fahre mit dem Rade von Warnsdorf nach Zittau. Er verlangte Wurst und Semmel, kam mit in den Laden, sagte aber dort, er habe kein Geld, ließ Wurst und Semmel liegen, und ich ging dann hinaus, weil ich mich fürchtete. Er ging dann auf den Abort, kam zurück und sprach mit mir über die Katze und die Hühner. Dann verlangte er Wurst und Semmel auf Borg. Kaum war ich im Laden, packte er mich, stauchte mich zusammen und würgte mich, bis ich die Besinnung verlor. Als ich zu mir kam, schleppte ich mich durchs Fenster hinaus, die Tür war verschlossen. Ich war 4 Wochen krank. Schon am 13. Juni war die Ladenkasse ausgeräumt, am 15. Juni wieder. Oben war alles aufgebrochen und Geld gestohlen. Ich habe sofort gedacht, daß er schon vom ersten Tage ab darauf ausgegangen war, mich zu erwürgen und zu berauben. Als ich erwachte, lag ich an der Tür, dorthin muß er mich geschleppt haben, als ich besinnungslos war.‹

Dr. med. Blaschick, Leutersdorf, bekundete, daß bei seinem Eintreffen Frau Rätze aus Mund und Nase geblutet und blutunterlaufene Stellen am Halse gehabt habe. Der ganze Zustand habe es als ein Glück erscheinen lassen, daß die Rätze noch am Leben gewesen sei. Jedenfalls habe der Täter die Rätze umbringen wollen.

Zeugin Waschfrau Weber gab an, die alte Gedlich habe ihr erzählt, Süßmann habe sie früher einmal anborgen wollen. Nach dem Zeugnis des Fahrradhändlers Goldberg aus Oberruppersdorf hatte sich Süßmann bei ihm ein Fahrrad auf Abzahlung gekauft und auf 150 Mk. 30 Mk. abbezahlt. Kurz vor der Tat in Niederruppersdorf hatte Goldberg den Süßmann gemahnt. Gendarm Weyrauch, Oberkunnersdorf, bekundete, Süßmann sei immer elegant gekleidet gegangen, sehr freigiebig gewesen. Er erfuhr, daß die Fabrikarbeiterin Elsa Goldberg in Oberkunnersdorf die Geliebte Süßmanns war. Süßmann habe ihr erzählt, nur ein Fleischer könne die Gedlichs erschlagen haben. Am 10. Dezember habe eine Frau nach dem Inhalt eines Paketes gefragt, da habe er gesagt: ›Das sind sie Gehirne von den Ruppersdorfer toten Leuten.‹ Zu einem Mädchen, das ihn schief ansah, habe Süßmann gesagt: ›Du verdrehst ja die Augen, wie die beiden toten Weibsen.‹ Süßmann habe die Goldberg bald heiraten wollen. Auf die Vernehmung der Elsa Goldberg wurde allseitig verzichtet.

Frida Böhmer, die Enkeltochter der verw. Gedlich, sagte aus, sie sei früh ½ 6 Uhr aus der Wohnung ihrer Großmutter weggegangen und erst widergekommen, als die Tat schon geschehen war. Die alte Gedlich habe ihr Geld an verschiedenen Orten im Obergeschoß, in einem Schrank, in einem Schränkchen, einer Kommode und einer Lade aufbewahrt. Süßmann habe sie nur als Nachbar, sonst nicht gekannt. Geld haben sie unter den Aufbewahrungsorten im Schutt nicht gefunden.

Privatus Hirche, Niederruppersdorf, hatte im Hause der Gedlichs gewohnt und einen besonderen Hauseingang. Am Morgen des 8. Dezember wollte er fünf Minuten nach ½ 8 Uhr bei Gedlichs in die Haustür, die Tür war verschlossen, er klinkte einige Male und ging dann wieder in die Wohnung. Auch die Zimmermannsehefrau Wunder und die Ortsrichtersehefrau

Häntsch hatten Einkäufe machen wollen, aber nicht zur Haustür hereingekonnt. Vor ½ 8 hatte Hirche in der Kammer der Gedlichs Geräusche gehört, als ob Holz zerbrochen würde.

Grundstücksbesitzer Deutscher, Niederruppersdorf, hatte nach Ausbruch des Feuers im Laden die beiden Leichen gefunden. Es hatte im Laden nicht gebrannt, aber die Kleider der Leichen hatten geglimmt. Wo die Tochter gelegen hatte, hatte eine große Blutlache gestanden. Es roch auch nach Petroleum. Als der Auszügler Dutschke gleich nach dem Ausbruch des Brandes an das Haus kam, war die Haustür von innen verschlossen, sie wurde aufgesprengt. Auch er bestätigte, daß die Leichen gebrannt hätten. Die alte Gedlich habe noch zweimal die Hand gehoben. Dutschke erzählte auch, Süßmann habe auch einmal bei einer Tanzmusik das Messer gezogen. Im Gedlich'schen Hause sei an verschiedenen Stellen angebrannt worden.

Vom Vorsitzenden wurde festgestellt, daß Süßmann einige Stunden nach dem Brande zu einem Bekannten geäußert hatte: ›Nun heiraten wir nicht, denn man weiß nicht, wenn man abends nach Hause kommt, ob sie einem die Frau erschlagen haben. Dann hat man abends keine Frau und abends braucht man sie doch bloß.‹

Als ihn die verehel. Apelt zur Trauermahlzeit bei dem Begräbnis der Gedlichs einlud, sagte Süßmann zu ihr: ›Wenn ihr mir das Euter bratet, komme ich auch hin.‹ Auf die Frage der Apelt, wo sie ein Euter hernehmen sollte, antwortete er: ›Du hast doch eins.‹ Ortsdiener Krohe, der bei der Verhaftung am 16. Dezember zugegen war, sagte aus, Süßmann habe ihn auf seine Frage nach dem Grunde der Verhaftung die Zunge herausgestreckt.

Gendarm Lohse, Herrnhut, gab eine ausführliche

Schilderung des Vorganges bei der Verhaftung und Auskunft über den Leumund Süßmanns. Bei der Verhaftung habe Süßmann eine höhnische Miene gezogen. Süßmann stehe in schlechtem Rufe, habe schon als Junge Frösche zerhackt, eine Pistole bei sich geführt und schlechte Streiche verübt, seine Mutter habe alles vertuscht. Sein Vater sei ein Ehrenmann.

Sachverständiger Medizinalrat Sr. V. Stieglitz, Löbau, gab eine Beschreibung der den Gedlichs zugefügten schweren Wunden. Die Hiebe seien mit einem sehr scharfen Beile geführt worden, die Haare des Kopfes und das Gehirn der Opfer sei glatt durchschnitten gewesen, wie mit einem Seziermesser, ein stumpfes Beil könne nicht in Frage kommen. Die Pauline Gedlich müsse den ersten Hieb unvermutet erhalten haben, direkt von vorn, wahrscheinlich, als sie die Ladenkasse öffnete und sich darüber gebückt hatte. Die Angabe des Süßmann, die Pauline sei von seinem Würgegriff zurückgewichen und dann erst getroffen worden, erscheine nicht glaubhaft. Die Leichen hätten auf dem Rücken auch Brandwunden gehabt.

Bezirksarzt Dr. med. Sauer, Bautzen, hat Süßmann wiederholt untersucht und gab sein Gutachten dahingehend, habe aber nichts gefunden, was auf geistige Schwäche, Abnormität oder Geisteskrankheit hinweisen könne, Süßmann sei körperlich und geistig völlig normal.

Nach Schluß der Beweisaufnahme ergriff Oberstaatsanwalt Dr. Böhme das Wort und führte aus, es sei anfangs betreff des Täters in Niederruppersdorf nicht die geringste Spur vorhanden gewesen, Von den Einwohnern habe erst niemand etwas sich zu sagen getraut, es hätten 5 oder 6 Menschen Süßmann am 8. Dezember früh nach und von Gedlichs gehen und kommen sehen, sie hätten nichts gesagt, sich vor

Süßmann sehr gefürchtet. Zuerst sei der Besenbinder Döring verhaftet worden, der sich durch Redensarten verdächtig gemacht habe. Dann sollte ein Forstgehilfe Müller in Frage kommen und dieser habe zuerst den Namen Süßmann genannt und auf ihn hingewiesen. Süßmann verwickelte sich in Widersprüche und seine Sachen hatten, wie Professor Dr. Kockel, Leipzig, nachgewiesen hatte, Spritzer von Menschenblut. Bei ihm seien dann das Portemonnaie und die Brieftasche aus Spitzkunnersdorf gefunden worden, und schließlich sei das Schulmädchen Milda Weber, auf die von dritter Seite auf ganz unzulässiger Weise eingewirkt worden sei, daß sie nichts sagen solle, damit zögernd hervorgetreten, daß sie Süßmann früh habe aus Gedlichs Haus kommen sehen. Nunmehr erst habe sich Süßmann zu einem Geständnis bequemt, aber er habe behauptet, er habe die Rätze nur betäuben, nicht töten wollen und die Tötungsabsicht bei den Gedlichs ohne Ueberlegung ausgeführt. Jedoch beweise in beiden Fällen sein Benehmen vor und nach der Tat, daß er die Rätze habe planmäßig töten wollen und daß er die Tötung der Gedlichs nach reiflicher Ueberlegung ausgeführt habe, denn er sei ihnen persönlich bekannt gewesen und hätte ihren Verrat fürchten müssen. Die Geschworenen hätten nicht die Befugnis, danach zu fragen, welche Strafe stehe auf den abzuurteilenden Verbrechen, sondern nur zu entscheiden, ist der Angeklagte schuldig oder nicht.

Verteidiger Rechtsanwalt Marschner, Bautzen, schilderte den Angeklagten als Opfer der von ihm beliebten Lektüre schauerlicher Schundromane. Der dadurch auf ihn eingewirkte Einfluß habe ihn zu seinen schrecklichen Taten verleitet. Bei dem Ueberfall auf die verehel. Rätze habe er nach seiner Angabe die Absicht des Raubes gehabt und die Rätze zu diesem

Zwecke aber nur betäuben wollen. Das klinge nicht unglaubhaft, es sprächen verschiedene Momente dafür. Die Beantwortung der Schuldfragen betreffs der Schreckenstat in Niederruppersdorf müsse in das Ermessen der Geschworenen gestellt werden, die Geschworenen sollten sich aber nicht durch die gemeinen Reden Süßmanns beeinflussen lassen, die er erst nach der Tat, wahrscheinlich in Angst oder Aufregung getan habe.

Nach erfolgter Rechtsbelehrung zogen sich die Geschworenen zur Beratung zurück.

Um 4 Uhr verkündete der Obmann der Geschworenen, Rittergutsbesitzer von Walter Jeschki aus Pietzschwitz den Wahrspruch der Geschworenen. Er lautete auf schuldig des versuchten Mordes und schweren Raubes an der verehel. Rätze in Spitzkunnersdorf, des vollendeten Mordes an der Pauline led. Gedlich und des vollendeten Totschlags an der Christiane verw. Gedlich und vollendeten Raubes an beiden Personen sowie der vorsätzlichen Brandstiftung. Nach kurzer Beratung verkündete der Vorsitzende folgendes Urteil: Süßmann wird wegen Mordes in einheitlichem Zusammenhange mit Totschlag zum Tode, wegen versuchten Mordes, schweren Raubes und vorsätzlicher Brandstiftung insgesamt zu 10 Jahren Zuchthaus und dauerndem Verlust der bürgerlichen Ehrenrechte verurteilt. Süßmann nahm das Urteil mit ziemlichen Gleichmut entgegen.«

»Etwas von Unsittlichkeit und latenter Kriminalität wohnt in jedem Menschen. Deshalb bilden sie die Basis der wissenschaftlichen Erforschung der Verbrecherseele. Der eine denkt Verbrechen nur in seinen Gedanken, der andere findet Zwang, Verführung, Gelegenheit, Mut, sie auch auszuführen. Hierin allein sind die Unterschiede zu suchen. Im paradiesischen Zeitalter des Menschengeschlechtes kannte man weder das Unsittliche noch das Verbrechen; es gab auch keine Entwicklung. Alle sittliche Evolution kann sich nur in einer bestimmten Gesellschaftsordnung, im Staate, vollziehen; den treibenden Faktor der Entwicklung nennen wir Kultur. Erst Gesellschaftsordnung und Kultur haben das Unsittliche und das Verbrechen im Gefolge. Sie erst schaffen alle Objekte, alle Mittel und alle Anreize zum Verbrechen. Mit unserer angeborenen, durch Vererbung bedingten Veranlagung, mit unserer keineswegs absoluten, sondern nur relativen Willensbestimmung werden wir hineingestellt in ein unverrückbares Milieu voller unsittlicher Anreize. Nur der Besitz hat sittlichen Wert, der zur ›Erzeugung sittlicher Zwecke‹ dient. Das Recht auf Existenz und auf Arbeit, diese sozialen Grundrechte hat der Staat noch nicht gewährleistet. Hier fließt die reichste Quelle des Unsittlichen und des Verbrechens. So schädigt der Staat selber auf die verschiedenste Weise das sittliche Empfinden seiner Untertanen.«

Erich Wulffen: »Das Strafrecht der Zukunft«, in:

Dresdner Neueste Nachrichten, 12.2.1911

Die Geständnisse des OTheSchu

Jugend in der Weimarer Zeit

»Am Morgen des 11. Dezember 1920, eines Sonn-
abends, wurde in Knautkleeberg eine grausige Bluttat
entdeckt. In der Wohnung Albertstraße 4, 2. Stockwerk, fand der Bürgermeister von Knautkleeberg drei
Leichen in ihrem Blute. Unter den Ermordeten befand
sich der Gemeindebeamte Bergmann, den der Bürgermeister im Amte vermisst hatte und den er zum
Dienst holen wollte. Man ließ alles stehen und liegen
und benachrichtigte die Mordkommission. Die stellte
fest, daß die Eheleute Panzer und der junge Bergmann
am vorhergehenden Abend von einem Unbekannten
durch wuchtige Hammerschläge nacheinander getötet worden waren; außerdem waren den Leichen die
Pulsadern durchschnitten. Der Verdacht der Täterschaft wurde zunächst auf den Sohn der Hausbewohner Ketzscher gelenkt. Zu seinem Glück vermochte
Ketzscher sein Alibi einwandfrei nachzuweisen. Er
hatte zur Zeit der Tat ein Kino im Innern der Stadt
besucht und zufällig das Billett aufgehoben. Anhand
des Billetts konnte die Zeit des Kinobesuchs festgestellt werden. Da man keiner anderen Spur nachgehen
konnte, ruhte die Mordsache fast sieben Jahre lang. Im
Oktober 1927 wurde die Spur nochmals auf Ketzscher
gelenkt. Die Kriminalpolizei nahm den Verdächtigen
erneut eingehend ins Verhör, und plötzlich besann
sich Ketzscher, daß einer von Bergmanns Freun-
den der Kellner Otto Schulze war, der vielleicht als
Täter infrage kommen konnte. Es wurde festgestellt,
daß Schulze von der Leipziger Polizei wegen einer
Fahrradunterschlagung gesucht wurde und gerade

in Frankfurt am Main wegen einer dort begangenen Straftat in Untersuchungshaft saß. Nach einigem Hin und Her gestand Schulze am 9. November 1927, der lange gesuchte Knautkleeberger Mörder zu sein. Am 12. November wiederholte er das Geständnis vor dem Leipziger Untersuchungsrichter und vor dem Leiter des Leipziger Kriminalamtes. Man hatte ihm gesagt, daß er nicht wegen Mordes, sondern nur wegen Totschlags nach Paragraph 214 angeklagt werden würde. Als Schulze aber auf dem Haftbefehl las, daß er wegen Mordes in drei Fällen verfolgt werde, widerrief er am 15. November sein Geständnis.«

Am Montag, dem 9. Juli 1928, begann der Prozess gegen Otto Theodor Schulze vor dem Leipziger Schwurgericht. Das Zuschauerinteresse war groß. Zeitungen berichteten ausführlich. Im Staatsarchiv Leipzig erzählt ein Aktenstoß davon und beinhaltet noch mehr.

Die fünf Akten zum Fall des Dreifachmörders O. T. Schulze erzählen vom Täter, den Opfern und der Polizeiarbeit, aber sie bergen auch die Spuren deutscher Geschichte. Zum einen sehr persönliche: In einem der Hefter finden sich in einem brüchigen Papiertütchen Hosenträger: hellbraun, festes Gewebe. Unten zweigeteilt mit Löchern für die Knöpfe am Hosenbund. Ganz der modische Schick der Goldenen Zwanziger des vergangenen Jahrhunderts. In einem anderen Umschlag: Gewebeproben eines teuren Anzugstoffs. Sehr elegant. Der, der ihn trug, der machte Eindruck und wollte Eindruck machen. In einem weiteren Ordner zwischen Gutachten, Protokollen und Berichten: ein kleines grünes Heft wie es bei Schülern einst gebräuchlich war. Darin in krakeliger Handschrift Erinnerungen, Gedankensplitter, Wutausbrüche. Gereimtes und Ungereimtes von OTheSchu. So nannte sich der Schreiber: Otto Theodor Schulze – der Dreifachmörder von Knautkleeberg. Jahrzehnte hatte er die Justiz- und Polizeibehörden deutschlandweit beschäftigt.

Das Foto zeigt einen jungen Mann mit breitem Kiefer, großer Nase und tiefliegenden Augen. Sein Blick bleibt im Dunklen. Die Wangen eingefallen. Haare kurz geschnitten. Hemd und Sakko-Kragen. Es ist kein übliches Polizei- und Fahndungsfoto, wahrscheinlich ließ sich OTheSchu für einen Ausweis oder Pass vom Fotografen portraitieren. Andere Bildaufnahmen in den Akten zeigen nicht Otto Schulze, sondern dokumentieren seine Taten: Das Mordhaus von der Straße aus gesehen: zweistöckig. Ein Mehrfamilienhaus. Der Hauseingang ist an der der Straße abgewandten Seite, davor wie einst üblich eine Bleiche. In der Wohnung: Blutspritzer an der Wand und auf dem Boden. Blutlachen neben einem Hammer. Blut und Blut und die drei Leichen.

Mehrere Fotos zeigen eine Waldheimer Gefängniszelle und deren zerstörtes Mobiliar: kaputter Tisch, zerbrochenes Waschbecken. Eine schiefe Tür im Schrank. Die Akten berichten von einem Erschossenen in Chemnitz, einem Dreifachmord in Knautkleeberg, einer jahrelangen Fahndung in ganz Deutschland, und sie berichten von Otto Schulzes Leben. Seine Biografie illustriert Politik und Zeitgeschehen von der Novemberrevolution bis in die Vernichtungslager des Faschismus.

»Wissenswertes über die Biografie: Das Leben einer historischen oder lebenden Person wird in den meisten Fällen anhand einer sogenannten Zeitleiste dargestellt. Dabei werden die Ereignisse im Leben dieser Person chronologisch von der Schwangerschaft/Geburt an, eventuell erweitert durch Informationen über die Geschichte der Familie vor diesem Ereignis, bis zum Tod dargestellt. Es empfiehlt sich, die einzelnen zentralen Ereignisse nach klassischen Gesichtspunkten zu ordnen: Geburt, Kleinkindalter, gegebenenfalls Kindergarten, Grundschule, weiterführende Schule, Ausbildung/Studium, Berufseinstieg, parallel dazu Freundschaften, Beziehungen, Partnerschaften, Ehe, eigene Familiengründung und Geburt und Erziehung der Kinder, Berufslaufbahn und Erfolge, Firmengründung, Umzüge, Reisen, Trennungen/Verluste, Krankheiten, Sterbefälle, Geburt der Enkel etc. Eine andere Möglichkeit, den Verlauf einer Biografie zu gestalten, kann nach größeren Lebensphasen vonstattengehen: Herkunftsfamilie, Ausbildung, eigene Familiengründung, Auszug der Kinder, Verrentung etc. Alternativ ist auch der Verlauf einer Biografie nach bestimmten biografisch einschneidenden Ereignissen möglich (Krankheit, Unfall, Tod eines nahestehenden Menschen oder Geburt, Liebe, Hochzeit, Rettung etc.), die sich im Nachhinein als bedeutsame Knotenpunkte des Lebens oder Wenden erwiesen haben. Dabei können die einzelnen Ereignisse unterschiedlich entfaltet werden: Wichtige Begebenheiten sollten ausführlicher beschrieben, weniger wichtige nur kurz angesprochen werden. Der Kinderwunsch und die Anstrengungen, ein eigenes Kind zu bekommen, können z. B. breit entfaltet werden, wenn es eine wichtige Phase im Leben darstellt. Aber auch ein Morgen, an dem die Kündigung des Arbeitgebers im Briefkasten lag, kann ein einschneidendes biografisches Ereignis sein und entsprechend gewürdigt werden. Ebenfalls können Beziehungen zu einzelnen Menschen, die sehr prägend waren, den roten Faden einer Biografie darstellen. Entscheidend für die überzeugende Wirkung einer Biografie ist die Konsequenz, mit der einem bestimmten Gedankengang, einer speziellen Ereignisreihe oder einzelnen persönlichen Verbindungen eines Lebens gefolgt wird. Dadurch wird der Verlauf einer Biografie unter ein bestimmtes Thema gestellt, das beim Leser einen Wiedererkennungswert hat und dem erzählten Leben eine prägnante Richtung gibt.«

HAUCK & AUTOREN | DIE AKADEMIKER

I. Ausbildung – Chemnitz, 1919

Otto Theodor Schulze wurde am 30. September 1902 in Leipzig geboren, wo seine Eltern die größere Gastwirtschaft *Friedenfels*, »Windmühlenweg 51 (Nähe Bayr. Bahnhof)«, betrieben. Deren Werbung versprach: »Sonntag vornehmer Ball« mit »neuer Hauskapelle, Anfang 5 Uhr«. Man wohnte mit kurzem Weg zur Arbeitsstätte im Stadtzentrum am Königsplatz, vis à vis der Leipziger Markthallen. »Bis zu seinem 14. Lebensjahr ging Otto Schulze in Leipzig in die damalige 5. (am Schletterplatz), später 9. Bürgerschule (Reudnitz) und wurde Ostern 1917 entlassen. Er erlernte dann auf Wunsch seines Vaters den Kellnerberuf und befand sich zu diesem Zwecke von Ostern 1917 bis Ostern 1920 in Chemnitz im *Hotel Continental*.«

Das *Continental* war in der Stadt Chemnitz erste Hoteladresse. Der Vater hatte seine Kontakte spielen lassen, um Sohn Otto Theodor in diesem guten Haus die Ausbildung zu ermöglichen. Das Gebäude steht noch heute: Chemnitz, Bahnhofstraße 6. »Das ehemalige 5-geschossige *Hotel Continental* wurde Mitte der 90er Jahre in ein Geschäftshaus umgebaut und vollständig saniert. Im Kellergeschoss befinden sich Archivflächen und die Tiefgarage. Erschlossen wird das Gebäude durch einen Aufzug und ein Treppenhaus«, wirbt derzeit der Vermieter. Das nunmehrige »Bürohaus befindet sich am Bahnhof im citynahen Rand von Chemnitz. In unmittelbarer Nähe befinden sich die Technische Universität, das Opernhaus sowie Hotels und gastronomische Einrichtungen. Öffentliche Verkehrsmittel befinden sich direkt vor dem Objekt. Das Stadtzentrum ist nach ca. 2 km und die Autobahnen A4 sowie A72 sind nach ca. 7 km zu erreichen.«

Gingen einst Gäste und Gesellschaft im Hause ein und aus, speisten, tranken und amüsierten sich, änderte sich das Besucherklientel in den Jahren des Ersten Weltkriegs. 1918 waren die Schlachten geschlagen, die Helden kehrten heim. Doch kam Sachsen nicht zur Ruhe. Die Revolution ward ausgerufen und tobte auch in den Straßen der sächsischen Metropolen. Mitglieder vom Spartakusbund und den Internationalen Kommunisten Deutschlands gründeten im Januar 1919 die KPD und plakatierten: »Arbeiter! Folgt nur den Parolen der Kommunistischen Partei.« Nach den Landtagswahlen im Januar 1919 gab sich der »Freistaat Sachsen« am 28. Februar 1919 sein »vorläufiges Grundgesetz«. Doch hatte es der Freistaat in seiner Geburtsstunde schwer. Die Bürger hatten andere Sorgen: Hunger, Kinder und kein Geld. Massen demonstrierten gegen die Republik, die ihr Elend nicht linderte.

»Der Fahne nach wälzten sich müde Haufen, regellos durcheinanderstapfend. Weiber marschierten an der Spitze. Sie schoben sich mit breiten Röcken voran, die graue Haut der Gesichter hing in Falten über spitzen Knochen. Der Hunger schien sie ausgehöhlt zu haben. Sie sangen aus ihren dunklen, zerfransten Umschlagtüchern heraus mit scheppernden Stimmen ein Lied, dessen Rhythmus nicht zu der zögernden Schwere ihres Ganges paßte. Die Männer, alte und junge, Soldaten und Arbeiter und viele Kleinbürger dazwischen, schritten mit stumpfen zermürbten Gesichtern, in denen ein Schimmer dumpfer Entschlossenheit stand, und nichts weiter als das, fielen immer wieder in den Gleichschritt und bemühten sich dann, wie ertappt, die Füße enger oder weiter zu setzen. Viele trugen ihr Blechkännchen mit sich, und der nassen, vom Regen mit dunklen Flecken getünchten roten Fahnen beulten sich Regenschirme über dem Zug.« In Dresden stürmen die Versehrten das Kriegsministerium: Die Bezüge sollten ihnen auf Friedenssold gekürzt werden. Die neue Regierung kämpfte mit Amtsübernahme gegen den Bankrott. Die aufgebrachten Massen stürzten den sächsischen Kriegsminister Gustav Neuring in die Fluten der Elbe und schossen auf den Mann. Vier Wochen später wird seine Leiche erst an den Elbestrand gespült. Daraufhin wurde in Sachsen der Belagerungszustand ausgerufen. Die Reichswehr marschierte ein und sorgte fortan im Freistaat Sachsen für Ruh' und Ordnung.

In jenen Wirren der Zeit lernte im Chemnitzer *Hotel Continental* Otto Theodor das Benehmen, das Bedienen, die Aufmerksamkeit und vornehme Zurückhaltung von Servicepersonal, das Servieren und das Tafeldecken: »Gabel links, Messer und Löffel rechts neben dem Teller platzieren, jeweils 1 – 2 cm von der Tischkante entfernt. Weingläser über die Messerspitze, Wasserglas rechts davon etwas nach unten ...« Und nicht nur das: Auch sexuell wird der Lehrjunge reifer. Otto Schulzes Interesse gilt weniger den Damen, es kommt zu ersten homosexuellen Kontakten. »Ein älterer Kollege belehrte« den jungen Mann. Otto Theodor lebt seine Neigung aus, wohl wissend, dass dies 1920 unter Gefängnisstrafe steht, denn homosexuelle Betätigung schade der Volksgesundheit, denn es »ist davon auszugehen, daß der deutschen Auffassung die geschlechtliche Beziehung von Mann zu Mann als eine Verirrung erscheint, die geeignet ist, den Charakter zu zerrütten und das sittliche Gefühl zu zerstören. Greift diese Verirrung weiter um sich, so führt sie zur Entartung des Volkes und zum Verfall seiner Kraft.«

Bereits seit 1898 kämpfte der Sexualwissenschaftler und Arzt Dr. Magnus Hirschfeld gegen den berüchtigten Schwulenparagraphen 175: »Ein angestammter Irrtum wird durch ein tausendjähriges Bestehen nicht zur Wahrheit, aber von Generation zu Generation schlägt er tiefer Wurzel und sitzt schließlich so fest im Volksbewusstsein, daß noch so wuchtige Gegenbeweise nur schwer ihn zu erschüttern vermögen. In sich verfallen ist der Kern, aber die äußere Erscheinung bleibt, die machtvolle Ueberlieferung. Der Richter ist gerecht, aber sein Richtspruch ist es nicht mehr, nicht ist es der Paragraph, in dessen Bann er handeln muß. Das gilt in ganz hervorragendem Maße von dem Paragraph 175 des deutschen Reichsstrafgesetzbuchs.«

Zu den Unterzeichnern von Hirschfelds Petition zählten namhafte Persönlichkeiten des Landes, unter vielen anderen der Autor und Geheime Hofrat Dr. Rudolf von Gottschall (Leipzig), der spätere Literaturnobelpreisträger Gerhart Hauptmann (Schreiberhau), Schriftsteller wie Richard Dehmel (Berlin-Pankow), Adolf von Wilbrandt (Rostock), Detlev von Liliencron (Altona) und Max Halbe (München), der Herausgeber des *Kunstwart* Ferdinand Avenarius (Dresden), Zäpfel-Kern-Erfinder Otto Julius Bierbaum (Eppan), SPD-Barde Karl Kautsky (Stuttgart), die Kunstmaler Hermann Kaulbach aus München und aus Berlin Max

Liebermann und Walter Leistikow, der Forschungs-
reisende Karl von Platen (Berlin), der Leipziger Verle-
ger Max Spohr und der anerkannte Sexualpsychologe
Professor Richard von Krafft-Ebing (Wien). »Wenn
hier die Vergehen gegen den § 175, an denen sich tau-
sende Personen aus allen Gesellschaftskreisen, aus
den niedrigsten bis zu den höchsten beteiligen, zur
öffentlichen Verhandlung kämen, so gäbe es einen
Skandal, wie noch niemals ein Skandal in der Welt
gewesen ist. Aber auch für diejenigen, welche sich nie
bethätigen, bildet das bestehende Gesetz eine schwere Beschuldigung und Beschimpfung, weil es sie in
ihrem Heiligsten, in ihrer Liebe trifft.« Linke Parteien
kämpften um die Streichung dieses Paragraphen, die
Mehrheitsverhältnisse im Reichstag standen dagegen.
Der Bundestag löschte den »Hundertfünfundsiebzi-
ger« im Strafgesetzbuch endgültig in seiner Sitzung
am 10. März 1994.

Otto Schulze lebte seine Sexualität geheim in Hin-
terzimmern und war an Revolution, Räterepublik und
deren Entscheidungen wenig interessiert, umso mehr
jedoch an ihren technischen Details.

Nach dem verlorenen Krieg und den Kämpfen der
Novemberrevolution war nicht nur die entstandene
Republik, sondern auch der Hotelbetrieb in Chemnitz aus den Fugen. Im *Continental* residierte der
Chemnitzer Arbeiter- und Soldatenrat. »Vom Matro-
senaufstand Anfang November 1918 ausgehend, bil-
deten sich zu Beginn der Revolution von 1918/19 in
nahezu sämtlichen deutschen Städten Räte von revo-
lutionär gesinnten Arbeitern und Soldaten. In einer
spontanen Volkserhebung übernahmen sie von der
als nicht mehr legitimiert angesehenen lokalen Macht
die politische Gewalt. Wichtigste Aufgabe der lokalen
Räte waren die Aufrechterhaltung der öffentlichen

Sicherheit sowie die Bewältigung der katastrophalen Lebensmittelversorgung. Obwohl sie untereinander kein einheitliches Programm verband, traten nahezu alle Räte für die Beseitigung des monarchischen Obrigkeitsstaats und für eine Republik auf parlamentarischer Grundlage ein.«

Die Räte versuchten, die Stadtbehörden zu führen, ordneten an, erließen Maßnahmen, um Sicherheit und Leben zu ermöglichen. Einer ihrer Stützpunkte war, verkehrstechnisch günstig gelegen, das *Continental* auf der Bahnhofstraße. »Es ist ein Verdienst des Arbeiter- und Soldatenrates, dass die Revolution in Chemnitz friedlich verlief, Ordnung und Sicherheit gewährleistet blieben, die Ernährung und Kohleversorgung gesichert sowie neue soziale Verhältnisse eingeführt werden konnten. Er betrieb eine eher gemäßigte Politik des Ausgleichs und führte eine echte Machtprobe zur Erlangung der alleinigen Macht in der Stadt nicht herbei. Das ermöglichte, neben der Zurückhaltung des Oberbürgermeisters und seiner Beamten, den gleitenden Übergang in neue politische Verhältnisse.«

Nichtsdestotrotz patrouillierten die Soldaten im Vestibül des *Hotel Continental*. Sie sind bewaffnet, tragen sichtbar Pistolen und Gewehre. In der Lobby des Hotels war ein Maschinengewehr aufgestellt, »eine vollautomatische Schusswaffe, die für das Verschießen von Gewehrmunition eingerichtet ist. Maschinengewehre feuern bei Betätigung des Abzugs so lange Projektile ab, bis der Abzug wieder gelöst, die Munitionszufuhr unterbrochen wird oder eine Störung auftritt. Der Mechanismus des automatischen Ladens wird [damals] durch den Druck der sich entspannenden Pulvergase realisiert.«

Natürlich beeindruckt die Technik solch eines

dauerfeuernden Maschinengewehrs Jungen in der Nachkriegszeit. Davon haben sie durch die Kriegserzählungen der Väter, Onkel, Brüder erfahren. Nun stand es dem Lehrjungen Otto Theodor vor Augen, »da ich mich lebhaft für die Beschaffenheit desselben interessierte, erklärte mir der diensthabende Posten, das Gewehr und seine Handhabungen. Bei dieser Gelegenheit kam eine im Gewehr sitzende Patrone zur Entladung und tötete einen Menschen.« Ein Unbeteiligter, der das Vestibül durchschritt, starb an dieser Schussverletzung. Die Polizei ermittelt. Es kommt zum Prozess. Otto Theodor Schulze wird ob Unerfahrenheit und Aufsicht freigesprochen: ein bedauerlicher Unfall.

Und doch belastet den Jungen fortan das Geschehene. »Über den Chemnitzer Vorfall habe ich mir Gedanken gemacht, weil ich in gewissem Sinne doch die Schuld hatte. Dieses Bewußtsein bin ich nie losgeworden, auch später nicht, als ich mein etwas bewegtes Leben zu führen anfing. Ich bin der Ansicht, daß gerade die Chemnitzer Sache die Ursache dazu mit gewesen ist.«

»Worin die Moral eines Zeitalters besteht, läßt sich schwer feststellen, denn neben den eingestandenen Sitten gibt es auch uneingestandene. Je ruhiger das Leben einer Gemeinschaft verläuft, umso weniger revolutionäre Taten, also letzten Endes zur Umgestaltung und Erneuerung der herrschenden Moral führende partikulare Gewohnheiten gibt es. Ihre Zahl mehrt sich, sobald im Leben eine größere Erschütterung eintritt. In diesen außergewöhnlichen Fällen nämlich verengt sich der Kreis sowohl der rechtlichen als auch moralischen Normierung. Mit solchen Erschütterungen im Leben der Gemeinschaft haben wir es im Falle von Elementarkatastrophen, großen Wirtschaftskrisen und Kriegen zu tun.«

Nach abgeschlossener Lehre hielt es Otto Theodor Schulze nicht an einem Ort. Er begab sich zunächst »nach Knauthain, wo seine Eltern inzwischen [1919] den *Gasthof am Park* [Ritter-Pflugk-Str./Knuthstr., mittlerweile abgerissen] gekauft hatten und diesen bewirtschafteten. Ende April 1920 ging er nach Wildbad [im Schwarzwald] als Saalkellner. Im Juni 1920 starb sein Vater, zu dessen Beerdigung er wieder nach Knautkleeberg kam; darnach fuhr er wieder zurück nach Wildbad, von wo er wegen schlechten Geschäftsganges am 9. VIII. 1920 nach Knautkleeberg zurückkehrte. Hier blieb er bis zum November 1921. Den Gasthof übernahm sein Schwager Däweritz 1922 von seiner Mutter pachtweise und nach deren 1924 erfolgten Tode als Inhaber.

Der Angeklagte begab sich nach seinem Weggang von Knautkleeberg zunächst nach Berlin, dann nach Hamburg, von da nach verschiedenen Städten am Rhein, in der Pfalz und nach Frankfurt a. M., kam später (1926) wieder nach Leipzig, ging nach Naunhof, dann nach Berlin, kam 1927 im August wieder nach Leipzig, fuhr aber auf Wunsch seines Schwagers nach Köln, wohin ihm dieser die Fahrkarte kaufte, ging von Köln nach Düsseldorf, dann zurück nach Köln und schließlich nach Frankfurt a. M. Er hatte in diesen Zeiten nur vorübergehend Stellungen, führte ein leichtsinniges, unstetes und teilweise unordentliches Leben, machte sich verschiedentlich wegen Betruges, Diebstahls und Untreue straffällig, weshalb er auch, teilweise nicht unerheblich, verurteilt wurde.«

Als Ursache für den unsteten Lebenswandel, seine häufigen Stellungswechsel gab Schulze an: »Ich wollte frei sein!« Er blieb es bis zum Oktober 1927. Da stellte sich Otto Theodor Schulze »in Frankfurt a. M. der Polizei wegen verübter Betrügereien und eines am 3. X. 1927 in Düsseldorf begangenen schweren Diebstahls, da er keinen Ausweg mehr wusste.«

2. Auslöschung – Knautkleeberg, Vorweihnacht 1920

»Nach seinem Weggange aus Knautkleeberg 1921 kam er verschiedentlich vorübergehend, mehrfach in abgerissenen Kleidern und ohne Geld wieder dorthin, wo er von seiner Mutter und nach deren Tode von seiner Schwester und seinem Schwager mit Sachen und Geld ausgestattet wurde. Er glaubte, nach dem Tode seines Vaters von seiner Mutter und seinem Schwager Däweritz, und nach dem Tode seiner Mutter von letzterem, insbesondere bei der Übernahme des Gasthofes durch diesen in seinen Erbansprüchen benachteiligt und in den Erbangelegenheiten hintergangen worden zu sein. Es kam deshalb wiederholt zu ernsten Streitigkeiten. Schulze, der von seiner Mutter oft Geld verlangte, trat dieser, wenn sie ihm das gewünschte Geld nicht geben wollte oder ihm wegen seines Lebens Vorhalt machte, in jähzorniger Weise entgegen, wie es der Oberlehrer Siegmund nach seinen Bekundungen noch nie sonst gesehen hatte: Er fletschte vor Wut gegen seine Mutter die Zähne, warf ihr bösartige Blicke zu, so daß der Zeuge Siegmund, der auf Antrag der Mutter, die nach dem Tod des Vaters mit dem Angeklagten nicht mehr fertig werden konnte, dieser als Beistand vor Gericht beigeordnet war, die Empfindung hatte, daß, wenn er bei solchen Vorfällen nicht zugegen gewesen wäre, der Angeklagte noch ganz anders – tätlich – gegen seine Mutter vorgegangen wäre.« Vom Jähzorn und der Unbeherrschtheit Otto Schulzes sprechen viele Zeugen, manche auch von Angst.

»Die Liebe zum eigenen Geschlechte kann ebenso rein, zart und edel sein, wie die zum anderen Geschlecht, von der sie nur in der Richtung, nicht in der Art unterschieden ist. Die Homosexuellen kennen die großen Gefahren, denen sie sich aussetzen, die Schande, die ihnen droht, aber der Trieb ist stärker wie ihr Wille. Professor von Krafft-Ebing in Wien, der hervorragendste Sachverständige auf diesem Gebiet sagt: ›Die homosexuelle Empfindung kann zeitweise so heftig sich Befriedigung erzwingen, daß Beherrschung unmöglich wird.‹«

Otto Schulze »ist homosexuell. Er hat zu anderen Homosexuellen Beziehungen gehabt, hat sich von einigen auch aushalten lassen. Sein unstetes Leben ist bis zu einem gewissen Grad durch seine homosexuellen Beziehungen verursacht worden. Nach der im August 1920 erfolgten Rückkehr nach Knautkleeberg wurde der Angeklagte mit dem am 6. 1. 1902 geborenen Gemeindebeamten Bergmann bekannt, der auf dem Gemeindeamte in Knautkleeberg tätig war. Bergmann war ebenfalls homosexuell. Schulze und Bergmann traten zueinander in homosexuelle Beziehungen. Bergmann hatte zunächst in Leipzig bei seiner Mutter gewohnt. Im November oder Anfangt Dezember 1920 zog er von Leipzig weg nach Knautkleeberg in Untermiete zu den Eheleuten Panzer in das Haus Albertstraße [heute Hohentalstraße] 4 II.

Der geschlechtliche Verkehr zwischen Bergmann und dem Angeklagten hatte zunächst im Garten des Gasthofs Knautkleeberg stattgefunden. Anfang Dezember 1920 trafen sich die beiden im Knautkleeberger Gasthof. Dabei lud Bergmann den Angeklagten ein, zum geschlechtlichen Verkehr in seine Wohnung bei den Eheleuten Panzer zu kommen. Der Angeklagte meinte jedoch, daß es besser wäre, wenn Bergmann zu ihm käme, da er damals allein im 2. Stockwerk des Gasthofs wohnte. Sie verabredeten sich demgemäß für den 3. Dezember 1920, trafen sich im Gasthof und gingen dann hinauf in das Zimmer des Angeklagten, wo sie miteinander verkehrten. Hiernach bat Bergmann den Angeklagten, dass dieser ihn nunmehr auch in seiner Wohnung besuche, und sagte, daß es am besten nach 5 Uhr nachmittags passe und daß ihm der Angeklagte vorher von seinem Kommen im Gemeindeamte Kenntnis geben solle. Das Haus Albertstraße 4 war dem Angeklagten schon bekannt, da ihn sein Bruder schon einmal dorthin zu dem neben dem Ehepaar Panzer wohnenden Kaufmann George geschickt hatte.«

Dezember 1920. Vorweihnacht. »Im Konzertviertel. An der Haltestelle der Straßenbahn steht eine Dame mit einem Schoßhündchen auf dem Arme. Steht und wartet. Aber die Straßenbahn kommt nicht. Neben ihr harret ein Kriegsinvalide. Eine Viertelstunde verstreicht. – Kein Rattern oder Klingeln verkündet das Kommen des ersehnten Wagens. Ein Postbote geht vorüber. Die Dame wendet sich hilfesuchend an ihn, was mit der Straßenbahn los sei; sie stehe schon seit über einer Viertelstunde hier. Auch der Invalide schaut fragend auf. ›Streik!‹, sagt der Postbote gleichmütig, ›ich muß auch laufen.‹ – Da zuckt es um die Mundwinkel der Dame, und aus den Augen quellen wahrhaftig einige Tränen. Ich wähnte, sie gelten dem Invaliden. Die Dame jedoch streichelt ihr Hündchen, und schmerzlich entringt sich ihren Lippen: ›Da muß mein armes Puppchen nun laufen.‹ – Mir würgte etwas in der Kehle. Der Invalide aber drehte sich gleichmütig herum und krückte davon.«

In der Zeitung las man nicht nur diese Anekdote, sondern die Blätter sind voll der Werbung. »Billige Weihnachtsschuhe! Aufruf an die Bevölkerung! Lassen Sie sich nicht beeinflussen, decken Sie Ihren Bedarf an Schuhwaren direkt von der Fabrik. Sie sparen 30 – 60%! – Zu Weihnachten empfehlen wir aus unserer reichen Auswahl folgende praktischen Festgeschenke: Knaben-Ulster: 165,- Mk. Lodenjoppe: 175,- Mk. Die vielen anderen Artikel der fertigen Herren-, Knaben- und Jünglingsbekleidung wie Anzüge, Paletots, Ulsters und Schlüpfer eignen sich ebenfalls zu Geschenkzwecken, weshalb wir zu einer Besichtigung unserer großen Läger – ohne jeden Kaufzwang – nur raten können.«

Auch anderes wird angekündigt: »Wieder eine Erhöhung der Straßenbahnfahrpreise. Die einfache Fahrt wird ab Januar 1921 80 Pfennig kosten, die Umsteigefahrt kostet dann 1 (Papier)Mark.« Überhaupt sind die »Teuerungszahlen in Leipzig erheblich gestiegen«. In Berlin begann deshalb »der sozialpolitische Ausschuß des Reichstages seine Beratungen mit der Behandlung der Krisenfürsorge. Nach der einleitenden Programmrede des Reichsarbeitsministers Rudolf Wissell (SPD), die die Ankündigungen in der Regierungserklärung hinsichtlich der Erwerbslosenhilfe eingehend erläuterte und den Ausbau der Krisenfürsorge besprach, begründeten zunächst die Kommunisten ihre Anträge, die eine vollkommene Außerkraftsetzung des Arbeitslosengesetzes bedeuten würden. Abg. Hermann Müller-Lichtenberg (SPD) gab sodann eine Schilderung des derzeitigen Arbeitslosenelends und begründete eine von der Sozialdemokratie mit den übrigen in der Regierung vertretenen Parteien eingebrachte Entschließung, die den sofortigen Ausbau der Krisenfürsorge bezweckt. Im Verlauf der Debatte wurden die sowohl von kommunistischer wie von bürgerlicher Seite eingebrachten Entschließungen abgelehnt.«

Sozialhilfeorganisationen bitten: »Unter der Teuerung leiden heute alle Volkskreise, am meisten aber die der Kleinrentner: die kleinen Kapitalrentner, deren mühsam erworbene Ersparnisse heute zum Nötigsten nicht mehr ausreichen; die Altpensionäre einschließlich der Hinterbliebenen, sowie die Unfall-, Alters- und Invalidenrentner, deren vor dem Kriege festgesetzten Bezüge bisher noch keine ausreichende Aufbesserung erfahren haben. Sie stehen in ihren Einkünften vielfach noch unter den Erwerbslosen und wollen auch die Armenunterstützung nicht in Anspruch nehmen Diesen Mitbürgern, die schwer um ihr Dasein ringen, wollen wir zum bevorstehenden Weihnachtsfeste eine kleine Freude bereiten. Hierzu rufen wir die gesamte Bevölkerung auf: Wer rasch gibt, gibt doppelt!«

Auch Otto Schulze plagen Geldsorgen. »Geld ist nichts. Aber viel Geld, das ist etwas anderes«, meinte George Bernhard Shaw.

Weitere Angebote: »Weihnachtsschlager! Weihnachts-Kartons! Weihnachtsäpfel! Weihnachts-Zigarren! Lebkuchen! Seefische! Walnüsse! Haselnüsse! Warme Unterkleidung für die Damen!« Der *Krystallpalast* lädt zum Fünf-Uhr-Tee mit dezenter Künstlermusik. Und des Abends in den Wintergarten zu Henny Porten in »*Anna Boleyn* – ein Monumentalfilm in 6 Akten«. Auf der Bühne im *Lindenfels* das Schauspiel *Napoleon und die kleine Wäscherin*. Das Fest lässt sich sehen und wirft seine Schatten weit voraus.

»Am 10. XII. 1920 nahm sich Schulze vor, Bergmann in Knautkleeberg im Gemeindeamt aufzusuchen, um ihm mitzuteilen, daß er ihn am nächsten Tage besuchen wolle. Gegen 5 Uhr verließ er zu diesem Zwecke den Gasthof in Knautkleeberg. Er war mit einem grauen Blazer, einer grauen Joppe, einem graubraunen Schwitzer, Sporthose, Stutzen und hohen schwarzen Schnürschuhen bekleidet. Auf dem Wege sah er den 5-Uhr-Zug einfahren. Er ging zum Gemeindeamt Knautkleeberg; da in diesem bereits alles dunkel war, und Schulze sich deshalb sagte, daß da auch Bergmann nicht mehr darinnen sein könne, beschloß er, zu Bergmann in die Albertstraße 4 zu gehen, was er auch ausführte.

Er ging schließlich in das Grundstück Albertstraße 4 durch die Gartenpforte, dann am Haus entlang und links um die Hausecke. An der Haustür traf er mit einem Mann – dem Zeugen Bierbaum – zusammen; dieser war damit befasst, seine Hühner in den Keller zu schaffen und trug eine Stahllaterne; Schulze ging vor ihm in das Haus; Bierbaum wartete noch, um zu hören, ob der vor ihm in das Haus gegangene Mann etwa zu ihm in das 1. Stockwerk ging, begab sich aber in den Keller, nachdem er festgestellt hatte, daß der Mann weiter nach dem 2. Stockwerk ging. Zwischen Haustür und Erdgeschoß traf Schulze noch mit einem weiteren Mann, dem Zeugen Albrecht George, zusammen; sie gingen, sich leicht streifend, aneinander vorbei. Vor der Panzerschen Wohnung zwischen ¼ und ½ 6 Uhr angelangt, klopfte Schulze mehrmals; es öffnete ihm aber niemand. Er drückte auf die Türklinke und fand dabei, daß die Tür unverschlossen war. Schulze öffnete die Tür, trat in den Vorsaal ein, machte die Tür hinter sich wieder zu.«

Am Sonnabendabend, dem 10. Dezember 1920, erscheint Otto Schulze pünktlich zum Dienst im Gasthof seiner Eltern und bedient. Unter ihnen sitzt auch der Sohn des Ehepaares Panzer. Zeugen bemerken am Kellner nichts Auffälliges. So wie immer sei der Otto gewesen, hätten sie wohl auf die Fragen der Ermittler geantwortet. Doch fragt sie keiner danach.

An jenem Abend gegen ½ 11 Uhr hörten die Nachbarn zwar Stöhnen hinter der Wohnungstür der Panzers, doch dachten sie sich nichts dabei. Erst als die Panzers am nächsten Morgen ihre Wohnung nicht verließen und auf Klingeln und Klopfen keine Reaktion erfolgte, benachrichtigten sie die Kinder des Ehepaares. Die Tochter besaß einen Schlüssel. Doch da war der Schlosser schon bestellt und hatte die Wohnungstür geöffnet. Bereits im Vorsaal entdeckte man eine Leiche. In nächsten Zimmern weitere. Das Ehepaar und deren Untermieter: tot. »Grausiger Dreifachmord in Knautkleeberg« titelte die Presse am Montag.

»Am Sonnabendvormittag sind die Eheleute Panzer in ihrer in der Albertstraße in Knautkleeberg gelegenen Wohnung sowie der Gemeindeschreiber Bergmann, der zur Untermiete wohnte, ermordet aufgefunden worden. Die Leichen wiesen schwere Verletzungen auf. Es wird angenommen, daß alle drei bereits in den Abendstunden des Freitags ermordet worden sind. Obwohl in dem Grundstück noch sieben Mietparteien wohnen, hat niemand von den Hausbewohnern Hilferufe oder ein verdächtiges Geräusch gehört. Als am Sonnabendvormittag der Gemeindeschreiber nicht zum Dienst erschien, ließ man die Wohnung durch einen Schlosser öffnen, der sofort den Gemeindevorstand und einen Arzt herbeirief. Der Gemeindevorstand verständigte ungesäumt die Leipziger Staatsanwaltschaft, die alsbald am Tatort eintraf und die weitere Untersuchung in die Hand nahm.

Ueber das Motiv zu der grausigen Tat ist man völlig im Unklaren, da die Panzerschen Eheleute über keinerlei Vermögen oder Ersparnisse verfügten. Panzer war als Fahrstuhlführer bei der Firma Rud. Sack in L.-Plagwitz beschäftigt und hatte Freitag seinen restlichen Lohn, etwa 200 Mk. geholt, da bei der Firma gestreikt wird. Die 200 Mk. wurden aufgefunden. Anscheinend liegt aber trotzdem ein Raubmord vor, denn die genaue Durchsuchung der Wohnung hat ergeben, daß ein Anzug und ein Mantel von Bergmann fehlen.

Die Leichen weisen schwere Verletzungen am Kopfe auf. Zweifellos hat der Mörder seine Opfer durch Hammerschläge getötet. Der Hammer wurde in der Wohnung aufgefunden.

Die Panzerschen Eheleute stehen in den sechziger Jahren, der Gemeindeschreiber Bergmann ist 18 Jahre alt.

Am Nachmittag sind die Leichen nach dem Institut für gerichtliche Medizin gebracht worden. Den Ermordeten sind auch die Pulsadern durchgeschnitten. Die sofort eingeleitete Untersuchung hat noch kein greifbares Resultat ergeben. Die Polizei neigt nach den bisherigen Ermittlungen zu der Ansicht, daß es sich um einen Diebstahlsversuch gehandelt habe. Der Täter hat angenommen, daß der Gemeindekassierer Bergmann in seiner Wohnung größere, der Gemeinde gehörige Geldsummen aufbewahre, was aber nicht der Fall war.

Die Tat muß schon am Freitagabend geschehen sein. Gegen 5 Uhr nachmittags ist vermutlich der Täter in die Wohnung eingedrungen. Zu dieser Zeit war der Ehemann Panzer in einem Nachbargrundstück mit Entenschlachten beschäftigt, während seine Ehefrau Einkäufe besorgte. Als Panzer zurückkehrte, muß er den Eindringling bei der Durchsuchung der Wohnung gestört haben, worauf der alte Mann von jenem über den Schädel geschlagen wurde. Dann hat der Dieb den zurückkehrenden Bergmann, der noch die Aktenmappe unter dem Arm hatte, anscheinend nach Kampf ebenfalls erschlagen und schließlich auch auf dem Korridor die ebenfalls zurückkehrende Ehefrau Panzer niedergeschlagen.«

»Die Panzersche Wohnung bestand aus drei Zimmern, einer Küche mit Speisekammer und Austritt und dem Vorsaal. Gegenüber der Vorsaaltür befindet sich die Tür zu dem Zimmer Bergmanns, in dem links ein zweitüriger Kleiderschrank, ein Sopha und eine Waschkommode, rechts der Ofen, eine Lade, ein mit einem Vorhang versehenes Bücherregal, in dem unten Bergmann die Schuhe einzustellen pflegte, das Bett und in der Mitte ein Tisch und quer vor dem Fenster Bergmanns Fahrrad stand. In dem neben dem Bergmannschen Zimmer befindlichen Wohnzimmer der Eheleute Panzer stand rechts ein Kleiderschrank und nach dem Fenster eine Kommode, links neben der Tür vom Vorsaal der Ofen, ein Kachelofen, daneben die Tür nach dem Schlafzimmer, links an der Wand das Sopha, davor in der Mitte des Zimmers ein Tisch, daneben ein Lehnstuhl, neben dem Fenster eine Nähmaschine und in der Ecke schräg gegenüber der Tür zum Wohnzimmer auf dem Vorsaal ist die Tür zur Küche.«

Das Zimmer Woldemar Bergmanns zeigte Spuren einer Durchsuchung. Das legte das Motiv eines Raubmordes nahe, denn vom Gemeindekassierer hieß es, dass er 8.000 bis 10.000 Mark bei sich zu Hause aufbewahren würde. Tatsächlich waren kaum Wertgegenstände bei Bergmann zu finden gewesen. Etwas Bargeld nahm der Mörder mit. Eine Belohnung von 5.000 Mark wurde annonciert. Viel Geld in Zeiten von Vorweihnacht und Nachkriegsdepression.

Verhört werden die Nachbarn. »Im Haus Albertstraße 4 wohnten im Erdgeschosse links die Familie Knispel mit dem Lehrer Naumann, im Erdgeschosse rechts das Ehepaar Brössdorf, im 1. Stockwerk links die Familie Ketzscher, im 1. Stockwerk rechts das Ehepaar Bierbaum, im 2. Stockwerk links das Ehepaar Panzer, im 2. Stockwerk rechts die Familie George.« Gerüchte konzentrierten sich schnell auf den 22-jährigen Sohn der Ketzschers. Rudolf werden sexuelle Kontakte zum Mordopfer Bergmann nachgesagt. Rudolf Ketzscher bestritt diese vehement, doch verstummte der Verdacht gegen den jungen Mann nicht. Anonyme Schreiben bezichtigen ihn immer wieder. Jahrelang.

Im »Strafgesetzbuch für das Deutsche Reich« lautet Paragraph 186: »Wer in Beziehung auf einen Anderen eine Thatsache behauptet oder verbreitet, welche denselben verächtlich zu machen oder in der öffentlichen Meinung herabzuwürdigen geeignet ist, wird, wenn nicht diese Thatsache erweislich wahr ist, wegen Beleidigung mit Geldstrafe bis zu zweihundert Thalern oder mit Haft oder mit Gefängniß bis zu einem Jahre und, wenn die Beleidigung öffentlich oder durch Verbreitung von Schriften, Abbildungen oder Darstellungen begangen ist, mit Geldstrafe bis zu fünfhundert Thalern oder mit Gefängniß bis zu zwei Jahren bestraft.« Rudolf Ketzscher wurde anonym gebrandmarkt und war dagegen wehrlos. – Und doch waren es genau jene Verleumdungen, die die Polizei nicht ruhen ließen. Sieben Jahre später war es Rudolf Ketzscher, der den entscheidenden Hinweis zur Überführung des Täters gab.

Zunächst jedoch fanden sich keine Anhaltspunkte, die zur Identität des Dreifachmörders führten. Deshalb bat die Kriminalpolizei eine Woche nach der Tat die Bevölkerung um Mithilfe. Am 18. Dezember lasen die Leipziger zwischen all der Weihnachtswerbung: »Am Freitag, dem 10. Dezember 1920, sind in der Zeit von ¾ 6 bis ½ 7 Uhr abends in ihrer im Grundstücke Albertstraße Nr. 4 in Knautkleeberg im 2. Stocke gelegenen Wohnung der Fahrstuhlführer Hermann Panzer, seine Ehefrau Karoline Panzer, geborene Geißler, und der Gemeindekassenkontrolleur Woldemar Bergmann nacheinander bei der Heimkehr von einem Unbekannten durch Hammerschläge auf den Kopf ermordet worden. Außerdem hat der Mörder seinen Opfern je an einem Arme die Pulsadern durchschnitten.

Als Mordwerkzeuge haben dem Täter ein Panzer gehöriger sogenannter Schlosserhammer und ein ebenfalls Panzer gehöriges Küchenmesser gedient, die er in der Panzerschen Küche vorgefunden hat.

Geraubt sind lediglich

1. ein hellgrauer weicher Hut mit dunklem Bande und vorn heruntergeschlagener Krempe,

2. ein neuer Winter-Raglan (Schlüpfer) in Glockenform aus dunkelbraunen Stoff mit feinen dunkelgelben Streifen, einreihig, besetzt mit Steinnußknöpfen, mit eingeschnittenen Ärmeln, schrägen äußeren Seitentaschen, schräger äußerer Brusttasche, darin ein weißes Taschentuch, ohne Riegel,

3. ein neuer dunkelbrauner, ganz fein gelblich gemusterter Jackettanzug – Jackett: einreihig, vorn weit ausgeschnitten, unten Rundschnitt, außen links eine Brusttasche, enthaltend ein Batiktaschentuch, Rücken glatt, ohne Schlitz, ohne Riegel. Hose: unten umgeschlagen,

4. ein Paar schwarze Schnürstiefel,

5. ein weißer Stehumlegekragen,

6. eine dunkelgrüne, glatte, lederne Brieftasche mit einem nicht erheblichen Geldbetrag. Die Tasche ist blaugrau gefüttert, hat innen rechts und links mehrere Fächer und rechts einen Klappverschluß mit einem großen, die ganze Breite der Brieftasche einnehmenden Durchgangsfache.

Sämtliche geraubten Gegenstände sind Eigentum Bergmanns. Am Tatort sind vom Täter zurückgelassene Hosenträger vorgefunden worden, die besonders charakteristische Merkmale aufweisen. Sie bestehen aus zwei einzelnen Trägern aus nicht mehr elastischem hellbraunen Gummigurt. An den hinteren Enden der Träger sind mit Knopflöchern versehene Stücken feldgrauer Uniformen und zwar am einen das Ende des hinteren Querriegels eines sogenannten Einheitsmantels, am anderen das Knopflochende einer Ulanenachselklappe angenäht. Die vorderen Strippen sind an jedem Träger durch einen 28 cm langen und 1 ½ cm breiten, mit zwei eingeschnittenen Knopflöchern versehenen schwarzen Lederriemen ersetzt, die früher offenbar als Hosenstiege gedient haben. Bei dem einen Träger ist der Stegriemen in den mit Draht zusammengehaltenen Strippenhalter eingeknüpft, beim anderen Träger, an dem der frühere Strippenhalter fehlt, ist das Gurtende zu einer Schlaufe umgenäht, durch die der Stegriemen mittels eines Stückes schwarzen Bandes am Gurt verknotet ist.

Die Hosenträger und eine Stoffprobe des geraubten Jackettanzuges sind zur Besichtigung in einem Schaufenster des Warenhauses Th. Althoff in Leipzig, Petersstraße, ausgehängt.

Als der Tat verdächtig erscheint ein Unbekannter, der am Freitag, dem 10. Dezember 1920, gegen ½ 6 Uhr nachmittags das Grundstück Albertstraße 4 in Knautkleeberg von der Straße aus betreten hat und beobachtet worden ist, wie er im Hause bis zum 2. Stockwerke die Treppe hinaufging. Er hat bei keiner der im Haus wohnenden Familien vorgesprochen und wird beschrieben:

Etwa 24 – 26 Jahre alt, 1,65 m groß, kräftig, flotter, strammer Gang, trug graugrünes offenstehendes Jackett und darunter eine hellbraune Strickjacke, Kopfbedeckung wahrscheinlich Mütze, anscheinend bartlos, scharfe Gesichtszüge, gebogene Nase, oben breites, nach dem Kinn zu schmäler werdendes Gesicht.

Wer über diese Person, die bereits am Dienstag, dem 7. Dezember 1920, mittags im Grundstück gesehen worden sein soll, und insbesondere über den Eigentümer der oben beschriebenen Hosenträger Angaben machen kann, wird dringend ersucht, sich schnellstens mit der nächsten Polizeidienststelle, der Landeskriminalpolizei, Wächterstraße [heute Dimitroffstraße], Polizeigebäude, Erdgeschoß rechts Zimmer 18 oder der unterzeichneten Staatsanwaltschaft in Verbindung zu setzen. Verschwiegenheit über die Person des Anzeigenden wird auf Wunsch gewährleistet.

Derjenige, durch dessen Angaben die Ermittlung und Überführung des Täters gelingt, hat Anspruch auf die ausgelobte Belohnung. Sollten mehrere zu diesem Erfolge beigetragen haben, so behält sich die Staatsanwaltschaft Leipzig die Verteilung der Belohnung unter die Anspruchsberechtigten vor.

Leipzig, den 17. Dezember 1920, Staatsanwaltschaft«

Den zerschnittenen Mantel Woldemar Bergmanns barg man aus dem Wasser der Elster. In ihm auch die Schlüssel zur Panzerschen Wohnung. Bergmanns Brieftasche und einen Revolver trug der Mörder noch mehr als ein Jahr lang bei sich und warf sie dann in Hamburg in die Elbe. In Leipzig konnten die Ermittler 1920 auf den Hergang der Tat schließen. Noch immer ist die Bevölkerung geschockt: drei Tote. Kaum eine Woche nach der Bluttat teilte die Polizei der Presse mit: »Die Untersuchung der Ermordung des Fahrstuhlführers Panzer, seiner Ehefrau und des Gemeindekassenkontrolleurs Bergmann in Knautkleeberg hat zu folgendem vorläufigen Ergebnis geführt: Die Morde sind in ganz bestialischer Weise ausgeführt worden. Panzer ist mit 30 Hammerschlägen auf den Kopf getötet worden. Bergmann hat etwa 20 Hammerschläge erhalten. Auch die Frau Panzer ist mit dem Hammer niedergeschlagen und ermordet worden. Außerdem sind Bergmann und der Frau Panzer am rechten Handgelenk die Pulsadern durchschnitten. Am Mordtage abends gegen 6 Uhr ist Panzer von seiner Wohnung zu einer Bekannten gegangen, um dort Enten zu schlachten. Seine Frau war vorher zum Eierholen ausgegangen. Panzer ließ seine Wohnung offenbar unverschlossen. Diese Gelegenheit scheint der Täter genutzt zu haben, sich in die Wohnung einzuschleichen. Inzwischen ist Panzer kurz vor 6 Uhr zurückgekommen und in die Wohnstube gegangen, wo er sich der Stiefel entledigte und dann in einem bequemen Stuhl Platz nahm. Darauf ist wahrscheinlich der Täter in das Zimmer getreten und hat auf Panzer eingeschlagen. Nach diesem Mord scheint sich der Täter sofort in das Zimmer von Bergmann begeben zu haben, ohne erst im panzerschen Zimmer nach irgendwelchen Gegenständen zum Mitnehmen zu suchen, denn es ist der Lohn von Panzer in Höhe von 200 Mark gefunden worden, außerdem lagen viele Sparkassenbücher unberührt in der Kommode. Wie es scheint, hatte es der Täter auf Bergmann abgesehen, in dessen Zimmer er sich sofort an die Durchsuchung des Kleiderschrankes machte. Er hatte sich Kleider von Bergmann zurechtgelegt und scheint gerade dabei gewesen zu sein, sich Bergmanns Kleider anzuziehen, als Bergmann selbst hereinkam. Ahnungslos betrat Bergmann mit der Zigarette im Munde und der Aktentasche unterm Arm das Zimmer. Aus der Lage, in der seine Leiche gefunden wurde, ist zu schließen, daß er in dem Augenblick, in dem er das Zimmer betrat, mit dem Hammer niedergeschlagen wurde. Dabei muß sich der Täter stark mit Blut besudelt haben, denn er hat die Schuhe von Bergmann, die er sich schon vorher angezogen hatte, wieder ausgezogen und stark blutbefleckt stehenlassen. Unmittelbar nach der Ermordung von Bergmann ist auch die Frau Panzer vom Einholen zurückgekommen. Darauf ist der Täter aus Bergmanns Zimmer nach dem Korridor gegangen, wo er die alte Frau sofort niederschlug. Dann hat er die Frau in das Zimmer von Bergmann geschleift und neben Bergmann liegenlassen. Wie die Spuren deutlich zeigen, hat sich der Täter nachher in der Küche an der Wasserleitung gereinigt. Die Mordwerkzeuge, ein Hammer und ein Küchenmesser der Familie Panzer, haben in dem Ausguß der Wasserleitung gelegen.

Die Panzerschen Eheleute waren für diesen Abend zu einer Familie im Hause zum Kartenspiel eingeladen. Diese Familie und die Nachbarsleute haben gehört, daß die Frau Panzer etwa gegen ½ 11 Uhr noch gestöhnt und geröchelt hat. Sie haben aber nichts Schlimmes gedacht und sich deshalb nicht um die Vorgänge in der Wohnung gekümmert. Auch die Untersuchung der Leiche der Frau Panzer hat ergeben, daß sie einen langen Todeskampf durchgemacht hat. Die unter den Eheleuten Panzer wohnenden Mieter haben gehört, wie die Ermordeten hingefallen sind. Aber sie haben sich ebenfalls nichts Schlimmes dabei gedacht, zumal in der benachbarten Wohnung um diese Zeit Klavier gespielt wurde.

Vermutlich hat der Täter angenommen, daß Bergmann eine größere Summe Geld in der Wohnung habe. Bergmann war erst 18 Jahre alt. Er hat zwei Brüder im Feld verloren, und der dritte ist zum Krüppel geschossen.

Wir verweisen auf die amtliche Bekanntmachung im Inseratenteil der vorliegenden Nummer, in der weitere Einzelheiten über das scheußliche Verbrechen und über den mutmaßlichen Mörder angegeben sind. Hoffentlich gelingt es bald, den Mörder zu ermitteln und festzunehmen.«

Die Polizei arbeitete akribisch, doch zur Überführung des Mörders kam es nicht. Privat war kein Mordmotiv in den Familien Panzer und Bergmann zu erkennen. Diese Ermittlungsansätze zeitigten keinen Erfolg. Dem verdächtigen Rudolf Ketzscher konnte trotz einer Vielzahl von Anzeigen und Beschuldigungen die Täterschaft nicht nachgewiesen werden. Die anonymen Schreiben denunzierten ihn ohne jegliche Beweise seiner Schuld.

Selbstmorde wurden mit der Bluttat in Verbindung gebracht: »Richtete sich der Mörder selbst?« Jedem Hinweis ging man nach, eine heiße Spur ergab sich nie. Einzig Bestand hatte die Arbeitshypothese eines Raubmords, denn es war in Knautkleeberg allgemein vermutet worden, dass der junge Gemeindekassierer auch Geld in seinen vier Wänden aufbewahrte. Daß dem nicht so gewesen ist, hat der Dreifachmörder nach seiner Schreckenstat erfahren müssen.

Politik, Geschäfte und die Weihnachtszeit verdrängten den ungeklärten Kriminalfall von Knautkleeberg alsbald wieder aus den Schlagzeilen. Der Jahreswechsel brachte Elite-Bälle, Show und Feuerwerk. Danach fielen die Preise des Unverkäuflichen: »Seefische großer Preissturz! 4 Waggons feinste Nordsee-Ware billigst«, »Inventur Ausverkauf«, »Enorme Preisherabsetzung unseres gesamten Warenlagers in Winter- und Sommerwaren«, »Reste und Restbestände. Große Gelegenheitsposten zu Preis-Abbau-Preisen«. Rabatte, Preissenkungen und Ausverkauf bei Teppichen und Kurzwaren, Kleider- und Seidenstoffen, bei Barchent und Damast. Auch »in allen anderen Abteilungen Auslagen herabgesetzter Waren!« Die *Al-berthallen-Lichtspiele* im *Krystallpalast* zeigten »Die Strahlen des Todes – 5 Kapitel aus dem Tagebuch eines Abenteurers« und den »*Leichnam 427* – Detektiv-film in 5 Akten. Nur für Erwachsene über 18 Jahre«.

Wochenlang hing der hellbraune Hosenträger des Mörders im Schaufenster des Warenhauses auf der Petersstraße. Doch keinem Menschen konnte »das grausame Verbrechen in Knautkleeberg« nachgewiesen werden. Der Dreifachmörder blieb unerkannt.

Die linke Presse resümierte die Geschehnisse des Jahres 1920 ideologisch: »Die Geschichte der Revolution richtet sich nicht nach dem Kalender. Die Abschnitte des Klassenkampfes haben eine andere Buchführung wie die Jahresabschlüsse der kapitalistischen Unternehmer. Wir können aber die alte Sitte des Jahresrückblicks ausnutzen zu einer Selbstbesinnung und einem Ausblick in die Zukunft, deren Aufgaben und Probleme sich aufgrund der ökonomischen Entwicklung in großen Umrissen abzeichnen. In einer Zeit, die in vielen Beziehungen mit der unsren Aehnlichkeiten aufweist, schrieb Karl Marx in seiner genialen Jugendarbeit ›Zur Kritik der Hegelschen Rechtsphilosophie‹: ›Krieg den deutschen Zuständen! Allerdings! Sie stehen unter dem Niveau der Geschichte, sie sind unter aller Kritik, aber sie bleiben ein Gegenstand der Kritik, wie der Verbrecher, der unter der Humanität steht, ein Gegenstand des Scharfrichters bleibt. Mit ihnen im Kampf ist die Kritik keine Leidenschaft des Kopfs, sie ist der Kopf der Leidenschaft. Sie ist kein anatomisches Messer, sie ist eine Waffe. Ihr Gegenstand ist der Feind, den sie nicht widerlegen, sondern vernichten will. Denn der Geist jener Zustände ist widerlegt. An und für sich sind sie keine denkwürdigen Objekte, sondern ebenso verächtliche als verachtete Existenzen. Die Kritik für sich bedarf nicht der Selbstverständigung mit diesem Gegenstand, denn sie ist mit sich im Reinen. Sie gibt sich nicht mehr als Selbstzweck, sondern nur noch als Mittel. Ihr wesentlicher Pathos ist die Indignation, ihre wesentliche Arbeit ist die Denunziation.‹« Trotzdem: »Heute große Silvesterfeier!« in Theater, Kino, Kabarett. Ein Willkommen dem neuen Jahre.

Doch auch 1921 bleibt der Dreifachmord von Knautkleeberg ungeklärt. Die Überführung des Täters gelingt erst sieben Jahre später durch den Zeugen Rudolf Ketzscher, Ausdauer und Zufall.

3. Verhaftung – Frankfurt a. M., 1927

> Das Gerücht ist eine Pfeife,
> die Argwohn, Eifersucht, Vermutung bläst,
> und von so leichtem Griffe, dass sogar
> das Ungeheuer mit zahllosen Köpfen,
> die immer streit'ge, wandelbare Menge,
> drauf spielen kann.
> WILLIAM SHAKESPEARE: KÖNIG HEINRICH IV. (1596)

Vorurteile, Verdächtigungen und Gerüchte hielten sich hartnäckig bei Nachbarn und Bevölkerung. Auch Jahre nach dem Dreifachmord sprach man im Viertel und darüber hinaus hinter vorgehaltener Hand und offen über den jungen Hausbewohner aus der Albertstraße 4, der der dreifachen Mordtat dringend verdächtig scheint.

»Da trotz des einwandfrei festgestellten Alibis Rudolf Ketzschers in Knautkleeberg die von bestimmter

Seite immer wieder aufgeführten und genährten Gerüchte, die Ketzscher seelisch schwer belasteten, nicht verstummten und dementsprechend Anzeigen an die Polizei gemacht wurden, daß Ketzscher, wenn nicht der Täter, so doch Mitwisser der Tat sei, wurden im Juni 1927 die Erörterungen gegen Ketzscher nochmals aufgenommen. Der Zeuge Kriminalkommissar Bast, der die Ermittlungen führte, bestellte Ketzscher für den 12. IX. 1927. Da Ketzscher in Lörrach in Baden auf Montage war, konnte er der Ladung keine Folge leisten, es erschien aber seine Ehefrau. Am 1. X. 1927 erschien dann Ketzscher beim Polizeipräsidium Leipzig zur Vernehmung, die der Zeuge Bast noch am gleichen Tage vornahm.

Die Erörterungen ergaben erneut, daß gegen Ketzscher auch nicht der leiseste Verdacht einer Täterschaft bestehen konnte. Bei der Vernehmung Ketzschers vom 1. X. 1927, nachdem dessen Unschuld erneut festgestellt worden war, fragte Bast Ketzscher, ob er wisse, mit wem Bergmann in der damaligen Zeit Verkehr gepflogen habe. Plötzlich, ohne jeden besonderen Anhalt, ›auf ganz wunderbare Weise‹, fiel dem Ketzscher da der Name Otto Theodor Schulzes ein; er nannte daher Schulze. Der Umstand, daß Ketzscher niemals früher, sondern erst jetzt auf den Namen Schulze kam, erklärt sich daraus, daß Ketzscher, der mit Schulze früher nur wenig zusammengekommen war und diesen erst Pfingsten 1927 nach Jahren erstmalig wieder zufällig in Leipzig in der Gerberstraße getroffen hatte, durch dieses Zusammentreffen bei seiner Vernehmung auf Basts Fragen sich Schulzes als eines Namens erinnerte, mit dem Bergmann zu der hier in Frage kommenden Zeit verkehrt hat.« Die Leipziger Polizei schreibt Otto Theodor Schulze deutschlandweit zur Fahndung aus.

Die Fahndung hat schnellen Erfolg: Der Gesuchte sitzt bereits in Haft. Freilich aus ganz anderen Gründen: Otto Schulze hatte sich aufgrund eines »am 3. X. 1927 in Düsseldorf begangenen schweren Diebstahls« selbst gestellt, »da er keinen Ausweg mehr wusste«. Sein Vorstrafenregister ist lang. Siebenmal saß er bereits wegen verschiedener Delikte ein: Unterschlagung, Betrug, Diebstahl. Gläubiger nahmen Schulze letzte Mittel. Er konnte die vereinbarten Ratenzahlungen nicht mehr leisten und stellte sich der Polizei. Der in Leipzig ermittelnde Kommissar Bast fährt mit dem nächsten Zug zur Haftanstalt nach Frankfurt am Main. Otto Schulze berichtet ihm von seinen Taten. Kommissar Bast hilft dieses umfassende Geständnis in der Mordsache Panzer/Bergmann nicht weiter. So stellt er dem Verdächtigen die Frage: ›Haben Sie noch etwas auf dem Gewissen?‹ Schulze stellt die Gegenfrage: ›Sie meinen wohl den Mord in Knautkleeberg?‹«

Einmal und nur einmal gesteht der Mörder alles. Die Gerichtsakten rekonstruieren die Tat und deren Ablauf: Als Otto Theodor Schulze am 10. Dezember seinen Freund Woldemar Bergmann besuchen wollte, fand er die Tür der Wohnung Panzers offen »und ging in das der Vorsaaltür gegenüberliegende Zimmer, in dem er Bergmann vermutete. In diesem war, wie er erkannte, niemand anwesend. Er lief nun in die anderen Räume, Küche, Wohn- und Schlafstube der Panzerschen Wohnung, und überzeugte sich, daß auch in diesen niemand war. Er hatte gehört, daß Bergmann in seiner Stube etwa 8.000,- M. Gemeindegelder verwahre. Er beschloss, die Abwesenheit der Bewohner zu benutzen und nach dem Geld bei Bergmann im Zimmer zu suchen, und Geld, sowohl solches, das Bergmann gehörte, als auch solches, das dieser etwa für die Gemeinde verwahrte, soweit erforderlich durch Erbrechen der Möbelstücke, in denen sich das Geld und die Sachen befanden, in Kenntnis seines mangelnden Rechtes und der Tatsache, daß solches Geld und solche Sachen in für ihn fremdem Eigentum und Gewahrsam standen, aus Bergmann Gewahrsam weg- und an sich zu nehmen, um das Geld und die Sachen unter dem dauernden Ausschlusse des Eigentümers im eigenen Nutzen zu verwenden.

Zu diesem Zwecke durchsuchte er zunächst den Kleiderschrank im Bergmannschen Zimmer, an dem der Schlüssel steckte, nach Geld, jedoch ohne Erfolg; nun ging er zu der Lade; da er diese verschlossen fand, lief er in die Küche, holte aus dem unter dem Küchentisch stehenden Werkzeugkasten einen Hammer und einen Meisel, ging in Bergmanns Zimmer zurück, erbrach hier mittels Ansprengens des Schließbleches stehlenshalber und in der soeben gekennzeichneten Absicht die verschlossene Lade unter Aufwendung von Kraft, durchsuchte sie und einen Briefumschlag mit 60 – 70 M., den er, um das drin befindliche Geld für sich zu verwenden, an sich und in die Hand nahm. Er zog seine Schuhe aus und war im Begriff, in der oben bezeichneten Absicht ein Paar von Bergmann aus dem Regal auszuziehen und sich anzueignen, da hörte er auf der Treppe Tritte. Um nicht durch die hinzukommende Persönlichkeit, in der er offenbar Bergmann erwartete, bei der Begehung des Diebstahls betroffen, gegebenenfalls festgenommen und seiner bisherigen Beute wieder entsetzt zu werden, flüchtete er, nachdem er in die Hand den Hammer, in die andere den Umschlag mit dem Gelde genommen hatte, in die Panzersche Wohnstube, in der er sich hinter dem Kachelofen versteckte, um den Augenblick abzupassen, in dem er ungehindert und unentdeckt mit seiner

Beute die Wohnung verlassen könnte. Die Person, die kam, war Panzer.

Dieser ging nach Andrehen der elektrischen Beleuchtung in das Wohnzimmer, setzte sich auf den Lehnstuhl, zog seine durch das Entenschlachten mit Entenblut besudelten Schuhe (Militärschuhe) aus, setzte sie an den Ofen, ging nach dem Lehnstuhl, zog seine Pantoffeln an und drehte sich, um die Zeitung weiterzulesen, ohne noch die Brille aufgesetzt zu haben, etwas im Stuhl herum. Hierbei erblickte er den Angeklagten hinter dem Ofen. Er erhob sich, dabei seine Pantoffeln verlierend, ging auf den Angeklagten mit dem Rufe zu: ›Herr Schulze, was machen Sie hier‹, packte den Angeklagten – da dieser auf Panzers Frage nicht antwortete und versuchte, an Panzer, um zu entfliehen, vorbeizukommen – an der Brust und hielt ihn fest. Panzer hatte aus dem Umstande, daß sich der Angeklagte in der Wohnstube hinter dem Ofen versteckt hatte, und aus der Tatsache, daß er, nur in Strümpfen, einen Hammer und einen Briefumschlag in den Händen hielt, in Verbindung mit dem Umstande, daß er – Panzer –, als er als letzter die Wohnung verließ, die Vorsaaltür nicht zugeschlossen gehabt hatte, sofort ersehen, daß der Angeklagte soeben einen Diebstahl ausgeführt hatte oder in der Ausführung begriffen war, und hatte weiter aus dem Verhalten des Angeklagten erkannt, daß dieser zu entkommen versuchte.

Panzer ergriff daher den Angeklagten, um ihn vorläufig festzunehmen und ihn der Polizei zu überliefern. Der Angeklagte seinerseits hatte zutreffend erkannt, dass Panzer ihn bei der Verübung des Diebstahls entdeckt hatte bezw. ihn unmittelbar nach der bisherigen Ausführung des Diebstahls verfolgt und dazu ergriffen hatte, um ihn der Polizei zu überliefern. Um sich dieser Ergreifung auf frischer Tat durch

Panzer bei dem von ihm schon verübten und nach seiner Absicht noch weiter auszudehnenden Diebstahl zu entziehen, schlug der Angeklagte in Tötungsabsicht mit dem Hammer mit großem Kraftaufwand Panzer mehrfach auf den Kopf und – als dieser sich, um einen Gegenstand zur Abwehr zu ergreifen, nach dem Lehnstuhl wendete – noch weiter und noch heftiger auf den Kopf, so daß Panzer zusammenbrach, und selbst noch weiter auf den Kopf des am Boden – mit dem Kopf zum Schranke – liegenden Panzer; insgesamt gab er Panzer etwa 25 Schläge mit dem Hammer auf den Kopf; er tat dies, um Panzer zu töten. Durch die Schläge, durch die Panzer etwa 25 schwere Schädel- und Gehirnverletzungen erlitt, trat der Tod des Panzer ein, wie dies der Angeklagte mit seinen Schlägen gewollt hatte.

Während der Angeklagte noch auf den am Boden liegenden Panzer mit dem Hammer einschlug, ging die Vorsaaltür auf und Bergmann kam, und zwar in die Panzersche Wohnstube. Bergmann sah den Angeklagten mit dem Hammer neben der Leiche Panzers und den Blutlachen stehend, ersah hieraus sofort, daß der Angeklagte den Panzer mit dem Hammer getötet hatte, lief in sein Zimmer, um vom Fenster aus Hausbewohner und etwaige andere Personen herbeizurufen und mit deren Hilfe den Angeklagten vorläufig festzunehmen und dann die polizeiliche Festnahme zu bewirken. Der Angeklagte hatte richtig erkannt, daß Bergmann ihn bei der Verübung des Totschlags und unmittelbar nach bezw. bei dem bisher teilweise ausgeführten Diebstahl betroffen hatte und Maßnahmen treffen wollte, daß er sofort noch in der Panzerschen Wohnung festgenommen werden sollte. Um sich dieser Ergreifung wegen des soeben verübten Totschlags und wegen des teilweise bereits ausgeführten und nach seiner Absicht noch weiter auszuführenden Diebstahls zu entziehen, stürzte er Bergmann sofort in dessen Zimmer nach und schlug diesen in Tötungsabsicht mit dem Hammer auf den Kopf.

Bergmann ergriff einen Stuhl, warf diesen oder stieß mit diesem, um den Angriff des Angeklagten abzuwehren, nach dem Angeklagten. Dieser sprang jedoch zur Seite und versetzte unter großem Kraftaufwand mit dem Hammer Bergmann zunächst auf den Hinterkopf einen schweren Schlag, so daß Bergmann zusammenbrach, und dann, als Bergmann schon am Boden lag, noch weitere schwere Schläge auf den Kopf; insgesamt gab er mit dem Hammer etwa 12 Schläge auf den Kopf, um dadurch Bergmann zu töten. Durch die Schläge, durch die Bergmann schwere Schädel- und Gehirnverletzungen davontrug, wurde Bergmanns Tod unmittelbar herbeigeführt, wie dies der Angeklagte gewollt hatte.

Nun eilte der Angeklagte, nachdem er inzwischen die Schuhe Bergmanns angezogen hatte, in die Küche, brannte mit Streichhölzern, die er aus dem am Ofen befindlichen Behältnisse nahm, die Gasflamme an, nahm aus dem Küchentisch ein großes Küchenmesser, eilte mit diesem in das Zimmer von Bergmann, brannte hier die Petroleumlampe an, warf das Streichholz weg, kniete sich zu Bergmann, der seiner Meinung nach noch röchelte, schnitt ihm beim rechten Handgelenk die Pulsader durch, um, wenn die Hammerschläge auf den Kopf entgegen seinem Willen noch nicht den Tod herbeigeführt haben sollten, diesen nun sicher durch das Zerschneiden der Pulsader herbeizuführen, um, wie sich der Angeklagte ausgedrückt hat, ›die Leiche stumm zu machen‹.

Noch bei Bergmann kniend, hörte der Angeklagte, wie wieder jemand im Begriff war, die Wohnung zu betreten. Der Angeklagte löschte die Lampe in Bergmanns Zimmer aus und sprang, den Hammer in der Hand, auf den Vorsaal, wo er sich an die Wand zwischen Bergmanns Zimmer und dem Wohnzimmer stellte, entschlossen, auch diese Person zur Vermeidung seiner Ergreifung auf frischer Tat totzuschlagen. Die Ehefrau Panzer betrat, hinter sich die Vorsaaltür schließend, den Vorsaal. Sie erblickte den Angeklagten und ging auf diesen zu, vor Schreck ihre Markttasche fallen lassend. Wie der Angeklagte zutreffend annahm, hatte die Panzer aus der Tatsache, daß er auf dem Vorsaale dicht an die Wand gedrückt stand, daß er sich bei ihrem Kommen lautlos verhielt, statt sie anzureden, erkannt, daß der Angeklagte unerlaubterweise in die Wohnung eingedrungen war und hier einen Diebstahl oder eine sonstige strafbare Handlung soeben begangen hatte oder zu begehen im Begriff stand, und daß die Panzer durch Schreien oder Hinausgehen auf die Treppe Hausmitbewohner herbeirufen und mit deren Hilfe ihn vorläufig festnehmen und dann die polizeiliche Festnahme bewirken werde. Wie er weiter richtig erkannte, wären dadurch seine Taten – der Diebstahl, die beiden Totschläge – sofort entdeckt und er als Täter ohne weiteres festgestellt und festgenommen worden. Um sich dieser durch die Panzer ihm drohenden Ergreifung wegen des teilweise schon ausgeführten, nach seinen Absichten aber noch weiter auszudehnenden Diebstahls und der beiden Totschläge zu entziehen, schlug er mit großem Kraftaufwand in Tötungsabsicht der Panzer mehrfach mit dem Hammer auf den Kopf; schon nach dem zweiten oder dritten Schlag brach die Panzer zusammen.

Der Angeklagte brannte in Bergmanns Zimmer wieder die Petroleumlampe an, warf die abgebrannten Streichhölzer in die Stube, schleifte die Panzer vom Vorsaal über die Türschwelle in Bergmanns Zimmer links an den Kleiderschrank, wodurch ein breiter blutiger Streifen vom Vorsaal aus bis in das Zimmer entstand und das eine Bein der Leiche Bergmanns weggezogen wurde, und schnitt mit dem Küchenmesser der Panzer beim rechten Handgelenk die Pulsader durch; bereits durch die mit dem Hammer gegen den Kopf geführten Schläge hatte die Panzer schwere Schädel- und Gehirnverletzungen erhalten, die den Tod der Panzer herbeiführten, wie dieser das wollte. Der Angeklagte durchschnitt ihr aber auch noch die Pulsader, um, wenn die Hammerschläge auf den Kopf entgegen seinem Willen den Tod noch nicht herbeigeführt haben sollten, diesen nunmehr auf alle Fälle durch das Zerschneiden der Pulsader herbeizuführen; er wollte auch diese ›Leiche stumm machen‹.

Nun kam ihm die Vorstellung, daß möglicherweise entgegen seinem Willen Panzer durch die Hammerschläge noch nicht getötet worden sei; um den Tod Panzers ganz sicher herbeizuführen, beschloß er, auch ihm die Pulsader an der einen Hand zu durchschneiden; er ging zu diesem Zwecke in die Wohnstube, wo Panzer lag; da er das Küchenmesser, das er zum Durchschneiden der Pulsader bei Bergmann und der Panzer benutzt hatte im Augenblick nicht fand – er hatte es in die eine Tasche seines Rockes gesteckt –, holte er sich aus der Küche aus dem Tischkasten ein anderes großes Küchenmesser. In der Wohnstube zog er zunächst die Vorhänge zu, schaltete darin das elektrische Licht ein, schnitt in der oben bezeichneten Absicht Panzer beim linken Handgelenk die Pulsader durch und schaltete darnach das Licht wieder aus.

Nun ging er in die Küche, zog die mit Blut besudelten Schuhe Bergmanns – ein Paar ältere Schnürschuhe, die Bergmann gewöhnlich bei schlechtem Wetter trug – wieder aus, stellte sie mitten in die Küche, legte den Hammer und die beiden Küchenmesser – er hatte das zuerst benutzte in seiner einen Rocktasche gefunden – in den Ausguß, ließ Wasser darüber laufen, wusch sich selbst mit Wasser ab, da er stark mit Blut bespritzt war, trocknete sich an einer in der Küche hängenden blau und weiß gestreiften Küchenschürze ab, hielt dann diese unter das Wasser, wrang sie aus und legte sie auf einen Stuhl an der Wand.

Nur mit Strümpfen bekleidet ging er nun in das Wohnzimmer; hier durchsuchte er flüchtig die Leiche Panzers, fand aber nichts, was ihm aneignungswert erschien. Nun ging er in Bergmanns Zimmer. Er durchsuchte Bergmann, fand dabei in der inneren rechten Rocktasche dessen grünlederne blaugrau gefütterte Brieftasche mit etwa 180,- M. in bar, verschiedene Ausweispapiere und Briefe als Inhalt, in der Gesäßtasche einen ungeladenen Trommelrevolver und in der einen Hosentasche einen Schlüsselbund und einige einzelne Schlüssel. Die Aktentasche Bergmanns legte er diesem an den rechten Arm und stellte die Markttasche, die die Panzer auf dem Vorsaal hatte fallen lassen, Bergmann zwischen die Beine. Nunmehr zog er sich in Bergmanns Zimmer bis auf das Hemd um. Aus Bergmanns Kleiderschrank nahm er einen fast neuen dunkelbraunen Winterraglan (Schlüpfer), den er anzog und dessen Kragen er später hochschlug, einen weichen hellbraunen Filzhut, den er aufsetzte, und ein Paar Strümpfe, die er anzog; einen Kragen Bergmanns wollte er umtun, legte ihn aber wieder weg, da er ihm nicht paßte. Aus der Küche holte er einen einem Bekannten Bergmanns gehörenden Rucksack und packte in diesen seine eigenen blutigen Sachen.« Dann verließ Otto Theodor Schulze unerkannt das Haus Albrechtsraße 4.

Das Geständnis war zu Protokoll genommen worden und deckte sich mit allen vorgefundenen Spuren. Der Täter war überführt, die Beweislage erdrückend. Schulze hoffte auf mildernde Umstände. »Sagen Sie, Herr Wachtmeister, die können mir doch den Kopf nicht runtermachen, ich bin doch noch jugendlich gewesen, als ich die Tat beging.«

Doch Schulzes Meinung änderte sich. Am 15. November 1927 widerrief er alles je Gesagte, denn die richterlichen Verhaftungsgründe lauten: Mord! Otto Schulze redete sich in Rage: Nein, er war nie in der Wohnung der Panzers. Woldemar Bergmann, vielleicht war er ihm einmal begegnet. Aber Mord? Niemals! Nein! Niemals! Die Psychologen diagnostizieren beim überführten Mörder Unschuldswahn. Nach seinem Geständnis glaubte Schulze felsenfest, die Taten niemals begangen zu haben.

> Gieb, schönes Kind, mir deine Hand
> Und sieh mich an,
> Den Reisenden aus Wehmutland
> Und ärmsten Mann
>
> Schlag deine Augen nieder nicht;
> Sie sind so hold;
> Noch nicht voll Glut, doch voller Licht
> Und Unschuldsgold.
>
> Das hat so innig milden Schein,
> Oh, süßes Kind,
> Daß alle Kümmernisse mein
> Verflogen sind.
>
> OTTO JULIUS BIERBAUM: »UNSCHULD«

Wahn »ist ein psychiatrisches Krankheitssymptom. Es handelt sich um eine schwere inhaltliche Denkstörung und kommt im Rahmen verschiedener psychischer Störungen vor. Der Wahn ist eine die Lebensführung behindernde Überzeugung, an welcher der Patient trotz der Unvereinbarkeit mit der objektiv nachprüfbaren Realität unbeirrt festhält. Dies kann eine Störung der Urteilsfähigkeit zur Folge haben.«

Otto Theodor Schulze wird aggressiv, wenn Ermittler oder Anwälte ihn nach dem Verbrechen fragen: »Ich war es nicht!«, schreit er ihnen entgegen. »Unschuldig! Ich bin unschuldig!« Der gerichtlich bestellte Sachverständige stellt fest: »Der Angeklagte ist Hysteriker. Gewisse, ganz besonders hysterische, Persönlichkeiten geraten, wenn sie sich einer schweren Verfehlung schuldig gemacht haben und sie erkennen, daß der Verdacht sich gegen sie lenkt, in einen sich immer mehr verstärkenden Zustand schwerer seelischer Belastung, der als stark unlustbetont empfunden wird. Je stärker dieser Zustand der Belastung wird, umso stärker stellt sich ein Drang, der sich bis zu einem unwiderstehlichen Zwang steigern kann, ein, sich von diesem Zustande der Belastung zur eigenen Erleichterung zu befreien; sog. Abreagieren. Diese Befreiung wird, wenn es sich um eine schwere Verfehlung handelt, durch ein Geständnis, mit dem die Abreaktion vollendet ist, erreicht. Bei diesem Abreagieren macht sich die betreffende Persönlichkeit, und je stärker der Belastungszustand und damit der Drang, sich von diesem zu befreien, ist, umso weniger die Folgen klar, die durch die Abreaktion – das Geständnis – für sie herbeigeführt werden. Wird dann die Person nach vollzogener Abreaktion durch einen äußeren Umstand, z. B. durch ein unbedachtes Wort, auf die Folgen hingewiesen, die durch das Abreagieren und die Geständnisablegung erfolgt sind, so tritt die sog. Reaktion ein, ein Streben, die Folgen der Abreaktion wieder zu beseitigen, was, wenn die Abreaktion durch ein Geständnis erfolgt ist, durch einen Widerruf des Geständnisses erfolgt, an dem die betreffende Persönlichkeit von da an unverrückbar festhält und von dem sie auch nicht wieder abzubringen ist.«

Verurteilung – Leipzig, 1928

»Am Montag [dem 9. Juli 1928] begann der Prozeß gegen Schulze vor dem Schwurgericht. Schulze steht wegen Totschlags in drei Fällen nach Paragraph 214 unter Anklage. Paragraph 214 lautet in Bezug auf diesen Fall: ›Wer bei Unternehmung einer strafbaren Handlung ..., um sich der Ergreifung auf frischer Tat zu entziehen, vorsätzlich einen Menschen tötet, wird mit Zuchthaus nicht unter zehn Jahren oder mit lebenslänglichem Zuchthaus bestraft.‹

Vorsitzender: Gestehen Sie Tat zu?

Schulze: Nein. Ich bin nicht der Täter.

Vorsitzender: Wie konnten Sie dann in Ihrem Geständnis die furchtbare Tat auf sich nehmen?

Schulze: Ich habe das Geständnis abgelegt, um den Täter zu zwingen, aus seiner Reserve herauszutreten. Ich tat es, um darzutun, daß ich nicht der bin, für den man mich infolge meiner Vorstrafen hält.

Vorsitzender: Wie erklären Sie es, daß Sie Ihr Geständnis so genau ablegen konnten? Alle Einzelheiten des Geständnisses, die nur der Täter wissen kann, stimmen aufs genaueste!

Schulze: Das Geständnis beruht auf Fragen und Gegenfragen. Ich wußte über die Tat nur, was jeder wissen konnte?

Vorsitzender: Aber es handelt sich teilweise um

Einzelheiten, die der Sie vernehmende Kriminalkommissar damals selbst noch nicht wußte, gar nicht wissen konnte?

Schulze: Der Beamte hat mir vielfach vorgehalten, das könne nicht so, sondern jenes müßte anders gewesen sein, und ich bin ihm dann in meinem Geständnis gefolgt.

Vorsitzender: Und der Zweck dieses Geständnisses?

Schulze: Ich rechnete damit, den Täter so sicher zu machen, daß er sich doch einmal verrede. Weiter glaubte ich, daß die Polizei mein Geständnis genau prüfen und dann durch unvermeidliche auftauchende Widersprüche schon noch auf die richtige Spur gebracht würde. Zuerst glaubte ich, Ketzscher sei der Mörder.

Das Schreiben Schulzes, in dem er sein Geständnis widerruft, wird verlesen. Es heißt darin: ›Ich erkläre, daß mein Geständnis von A bis Z erfunden ist. Es beruht teils auf Aktenkenntnis, teils auf meiner Phantasie. Warum ich das schwere Verbrechen auf mich nahm, kann ich nicht erklären. Einen Alibibeweis für jenen Abend kann ich antreten!‹

Vorsitzender: Hat nicht die Erkenntnis, daß es um Ihren Kopf ging, Sie zum Widerrufe bewogen?

Schulze: Ganz gewiß nicht, denn ich bin nicht der Täter!

Das Geständnis Schulzes vor dem Richter wird verlesen. Darin schildert der Angeklagte sehr ausführlich und mit großer Präzision die grauenhafte Tat« und schließt mit den Worten: »»Nur ich allein habe die Tat begangen, ich habe weder Helfer noch Mitwisser. Ich hatte ja auch gar nicht die Absicht, zu stehlen oder gar die Leute niederzuschlagen. Ich bitte meine Richter, darauf Rücksicht zu nehmen, daß ich am Mordtage

18 Jahre 2 Monate und 10 Tage alt war. Ich gebe nochmals zu, die drei Personen nacheinander durch Hammerschläge getötet und ihnen dann die Pulsadern geöffnet zu haben.‹

Jetzt erklärt der nunmehr fünfundzwanzigjährige Schulze – er sieht 10 Jahre älter aus! – wiederholt, daß er mit der Tat nicht das Geringste zu tun habe.

Die Zeugenvernehmung wird durch Landgerichtdirektor Dr. Mühle eröffnet. Er hat 1920 die Mordkommission geführt. Er stellte am Tage nach der Tat fest, daß kurz nach 15.30 Uhr von zwei Hausbewohnern ein Mann gesehen worden war, der nach der zweiten Etage hinaufstieg. Vor allem war beiden die gebogene Nase des Mannes aufgefallen und ein Sweater, den der Unbekannte unter der Jacke getragen hatte. Tatsächlich hat der Angeklagte eine auffallend große Nase, und er selbst hat in seinem Geständnis erzählt, er habe einen Sweater getragen!

Unter Bergmanns Stube hatte Ketzscher sen. während der Tat auf seinem Sofa gelegen und dem Klavierspiel eines Lehrers in der angrenzenden Wohnung zugehört. Das Klavierspiel hatte die mit der Tat verbundenen Geräusche unterdrückt. Wohl hatte Ketzscher über sich in Panzers Wohnung eine Art Quietschen (Röcheln Panzers!) gehört, doch nahm er an, daß bei Panzers die Enkelkinder zu Besuch wären. Bergmann war sogar noch bei ihm in der Wohnung gewesen und hatte etwas ausgerichtet. Nachdem Bergmann nach oben gegangen war, hörte Ketzscher eine Minute danach Poltern über sich. Dabei dachte er, daß Bergmann über einen Stuhl gestolpert sei. Er machte sich weiter keine Gedanken und überhörte dann auch infolge des Klavierspiels den Fall der Frau Panzer.

Aufgrund seiner eingehenden Sachkenntnis erklärte Mühle am Schlusse seiner Vernehmung: ›Meine

Ueberzeugung ist, daß das Geständnis des Angeklagten nur einer gemacht haben kann, der alles miterlebt hat!‹

Dr. Kockel, Professor für gerichtliche Medizin, hat die Leichen seziert. Er sprach von den kolossalen Schädelverletzungen, die an Hand der Schädel der drei Ermordeten, die sich auf dem Gerichtstische befinden, erläutert werden. Auf weite Entfernung sieht man die Löcher im Schädeldach. Kockel hatte mit der Mordkommission die Panzersche Wohnung betreten. Er meinte, daß sich ihm in seiner langjährigen Praxis noch nie ein so furchtbarer Anblick dargeboten habe, wie an jenem 11. Dezember 1920.

Merkwürdigerweise scheint die Mordkommission nach keinen Fingerabdrücken gefahndet zu haben, denn die beiden Zeugen erwähnen davon nichts. Wie leicht wäre jetzt die Ueberführung oder Freisprechung des Beschuldigten auf Grund von Fingerabdrücken!«

»Fingerabdrücke: Abdrücke der an den Fingerspitzen sichtbaren Linien in der Haut. Diese Linien (Tastwärzchenlinien) bilden Figuren (Tastfiguren, Tastrosetten), die individuell durchaus verschieden und dabei bei derselben Person in Jahrzehnte umfassenden Zeiträumen unveränderlich sind. In China und andern orientalischen Ländern benutzt man F. seit uralter Zeit zum Unterzeichnen von Pässen, Schuldscheinen und andern Urkunden (Finger- oder Handmarken); schon in dem altchinesischen Gesetzbuch von Yung-Hwui aus dem 7. Jahrh. v. Chr. soll diese Art der Beurkundung vorgeschrieben sein, und unter König Açoka dienten in Indien Fußabdrücke denselben Zwecken. In neuester Zeit scheint man zuerst in Indien bei gerichtlichen Verfahren F. zur Feststellung der Identität benutzt zu haben, und das von Sir W. Herschell gesammelte Material hat Francis Galton benutzt, um die Grundlage für diesen Zweig der Forschung zu schaffen und die Methode weiter auszubauen. Er hat Typen von Fingerabdrücken in Klassen eingeteilt und nachgewiesen, daß die Einzelheiten der Furche, die den Typus bestimmen, während der ganzen Lebenszeit des Menschen unverändert bleiben. Eine Kommission der indischen Regierung kam zu dem Ergebnis, daß Galtons System der Daktyloskopie dem Bertillonschen (Körpervermessung) wegen seiner Einfachheit, Billigkeit, Schnelligkeit und Zuverlässigkeit vorzuziehen sei, und infolge dieses Berichtes ist die Methode, Verbrecher durch F. zu identifizieren, in einem großen Teil Indiens eingeführt worden. Abdrücke blutiger Hände und Füße haben oft schon gewichtige Anhaltspunkte für die Ermittelung eines Verbrechers gegeben. René Forgeot hat sich bemüht, auch die latenten Spuren nackter Füße und Hände an Holz, Glasscheiben, Tapeten etc. für die Vergleichung sichtbar zu machen und eine zweiprozentige Silberlösung für den Nachweis der Fußspuren, Jod, Tinte für Fingerspuren, Osmiumsäure, Fluorwasserstoffsäure für Fingerspuren am Glase geeignet gefunden. Paul Koetting wendete Farbstoffpulver und namentlich gepulvertes übermangansaures Kali mit Erfolg an. Man verwendet die F. zur Identifizierung von Personen auch in England, Wien und (als erster deutschen Stadt, 1903) Dresden, und es scheint, als werde das Verfahren in nächster Zeit weitere Verbreitung finden.«

MEYERS GROSSES KONVERSATIONSLEXIKON, 1906

»Kriminalkommissar Bast ist ein wichtiger Zeuge. Vor ihm hat Schulze zuerst das Geständnis abgelegt.

Zuerst gab Schulze nur zu, am Abend der Tat seinen Freund Bergmann besucht zu haben. Dann versuchte er, die Tat auf einen oder zwei Handwerksburschen abzuschieben, und schließlich – nachdem ihm plötzlich die Photographien des Tatorts mit den Leichen gezeigt worden waren – gestand er die Tat ein. Viele Details erzählte Schulze, von denen Bast noch gar nichts wußte. So wollte sich Schulze nach der Bluttat an einer Schürze die blutigen Hände abgewischt haben, die in allen Bekanntmachungen noch nicht erwähnt war und von der Bast noch nichts wissen konnte. Die grüne Brieftasche und den Trommelrevolver gab Schulze von sich aus zu. Bast erklärte mit aller Bestimmtheit, daß er sich in dem schwierigen Falle sehr wohl gehütet habe, dem Beschuldigten irgendetwas in den Mund zu legen. Schulze habe das Geständnis von sich aus mit allen Details angegeben. Der Angeklagte erklärt, daß er das meiste erst von Bast erfahren und dann in seinem Geständnis verwendet habe, um es glaubwürdig zu machen.

Es werden noch einige Zeugen vernommen, Hausbewohner und Nachbarn, die Einzelheiten aus den Darstellungen Mühles und Basts bestätigen, aber keine neuen Momente vortragen können, geschweige denn, den Angeklagten zu überführen vermögen. Für den Prozeß sind drei Verhandlungstage vorgesehen.« Und so berichtet die *Neue Leipziger Zeitung* am 11. Juli 1928 über den Mordprozess gegen den »Knautkleeberger-Dreifachmörder« weiter: »Zu Beginn des zweiten Verhandlungstages macht der Angeklagte Otto Schulze dem Zeugen Kriminalkommissar Bast noch einige Vorhalte. Er versucht nachzuweisen, daß er in seinem Geständnis verschiedene Details den tatsächlichen Verhältnissen in der Panzerschen Wohnung zuwider angegeben habe. Schulze bleibt dabei, daß der Inhalt seines Geständnisses auf Zeitungsartikeln und Aktenkenntnis beruhe und daß ihm Bast während der Vernehmung unrichtige Angaben stets korrigierte. Der Zeuge Bast erklärt nochmals energisch, daß die heutigen Angaben Schulzes den Tatsachen nicht entsprechen.

Der Gerichtsarzt vom Frankfurter Gefängnis bekundet als Zeuge, daß er Schulze schon seit Jahren kenne. Schulze habe ihm viel Vertrauen entgegengebracht und ihm das Knautkleeberger Verbrechen gestanden. Auch anderen Frankfurter Beamten, die als Zeugen auftreten, hat Schulze von der Bluttat ausführlich erzählt. Diese privaten Geständnisse entsprechen auch in den Einzelheiten dem Geständnis vor dem Untersuchungsrichter. Einem Wachtmeister gegenüber hat Schulze geäußert, daß er hoffe, mit 15 Jahren Zuchthaus wegzukommen. Damit sei die Sache bestimmt abzumachen. Einem anderen Beamten sagte Schulze, daß man ihm ja bestimmt nicht den Kopf heruntermachen könne, da er zur Zeit der Tat erst 18 Jahre alt gewesen ist.

Der Leiter des Leipziger Kriminalamts, Heiland, bekundet als Zeuge, daß Schulze ihm das Geständnis in einer Form wiederholte, die ihm keinen Zweifel an der Täterschaft des Beschuldigten ließ. In einem Bericht an den Untersuchungsrichter hat Heiland das Geständnis psychologisch zu erklären versucht. Schulze habe nach dem ersten Besuche Basts unter einem dauernd sich verstärkenden seelischen Druck gestanden. Beim zweiten Besuche Basts in Frankfurt habe Schulze dem Geständnisdrang nachgegeben und sein Gewissen erleichtert. Nachdem der Druck von ihm gewichen war, sei er sich seiner Lage erst voll bewußt geworden und habe nun aus Selbsterhaltungstrieb das Geständnis widerrufen.

Ein Beamter hat den Beschuldigten unmittelbar nach dem Geständnis gefragt, wie es ihm nun ums Herz sei.

Schulze erwiderte: ›Wie immer!!‹

Beamter: ›Wie fühlten Sie sich nach der Tat?‹

Schulze: ›Wie gewöhnlich, denn ich bin ja sofort nach der Tat nach Hause gegangen und habe gegessen.‹

Der Zeuge erklärt, daß die unerschütterliche Ruhe Schulzes ihm einen unnatürlichen Eindruck machte und daß ihm dieses Verhalten menschenunwürdig erschienen wäre. Der Untersuchungsrichter hat dem Angeklagten seine Verwunderung über die bewiesene Ruhe nach der Tat ausgesprochen.

Schulze erwiderte: ›Ich wundere mich nachträglich selbst darüber!‹

Auch einem anderen Zellengenossen gegenüber hat Schulze sich als ›Knautkleeberger Mörder‹ bekannt. Der Zeuge bekundet, daß ihm Schulze mit einem gewissen Stolz erklärte:

›Ich bin dreifacher Mörder!‹

Die letzten Aeußerungen bestreitet heute der Angeklagte. Der Zeuge bleibt bei seiner Angabe. Leumundszeugen treten auf und erzählen Episoden, bei denen sie zum Schlusse nach Gelagen, zu denen sie erst Schulze großzügig eingeladen hatte, die Zeche bezahlen mußten.

Der Knautkleeberger Lehrer hat der Mutter Schulzes als Beistand gedient, da diese nicht mit ihrem Sohne fertig wurde. Der Lehrer bekundet, daß Schulze seiner Mutter in einer Weise gegenübergetreten wäre, wie es ihm in seiner langjährigen Praxis noch nie vorgekommen sei. Schulze habe noch kurz vor dem Knautkleeberger Mord seine Mutter erheblich bestohlen.

Der Angeklagte wendet sich lebhaft gegen die Aussage des Lehrers. Seine Mutter habe ihm am nächsten gestanden, und er habe sie nie bedroht. (Schulze ist zum ersten Male erschüttert und weint.)

Schulze (erregt): ›Ein innerer Drang und Zwang treibt mich zum Leichtsinn. Gewiß. Aber ich bin kein Mörder. Sie können mich verurteilen, aber schuldig machen können Sie mich nicht!‹

Schließlich beschuldigt der Angeklagte den Zeugen, daß er ihm gegenüber nicht ehrlich und offen gehandelt habe. Schulze: ›Sie und Rechtsanwalt Klotz haben mich dahin gebracht, wo ich heute bin. Sie haben mich nicht einmal zur Beerdigung meines Vaters gerufen!‹

Der Zeuge gibt bekannt, daß er das Erbteil Schulzes verwalte und daß der Angeklagte jederzeit darüber verfügen könne.

Gerichtsarzt Schütz gibt über Schulze und den Befund der Leichen Sachverständigengutachten ab. Schütz hat die drei Ermordeten seziert. Bei allen dreien ist als unzweifelhafte Todesursache die Zertrümmerung der Schädeldecke durch einen Hammer festgestellt worden.

Der Angeklagte ist homosexuell veranlagt. Er hat im Untersuchungsgefängnis keine Anzeichen von Haftpsychose erkennen lassen. Schulze ist erblich belastet. Sein Großvater ist geisteskrank gewesen; ein Bruder starb 1920 in der Nervenklinik an Gehirnschlag. Schulze habe oft über Kopfschmerzen geklagt. Schulze hat Schütz erzählt, daß er sich zu dem hier in Frage kommenden Geständnis lediglich durch seine lebhafte Phantasie verführen ließ. Schütz pflichtet der Annahme Heilands bei. Der Widerruf des Geständnisses sei auf einen hysterischen Reaktionszustand zurückzuführen. Zunächst habe Schulze unter Geständniszwang gestanden. Nachdem in ihm das Gefühl der Befreiung und Erleichterung Platz gegriffen habe, sei die volle Ueberlegung zurückgekehrt. Die psychiatrische Literatur lehre, daß man nunmehr Himmel und Erde in Bewegung setzen könne, ohne den Delinquenten je wieder zum Geständnis zu bringen. Wenn der Angeklagte die Tat beging, schlage bei ihm der Paragraph 51 nicht ein.«

Bürgerliches Strafgesetzbuch (1872), Paragraph 51: »Eine strafbare Handlung ist nicht vorhanden, wenn der Thäter zur Zeit der Begehung der Handlung sich einem Zustande der Bewußtlosigkeit oder krankhafter Störung der Geistesthätigkeit befand, durch welchen seine freie Willensbestimmung ausgeschlossen war.« Der Gerichtsbericht schließt: »Die Beweisaufnahme ist erschöpft. Am Mittwoch erfolgen die Plädoyers und das Urteil.«

Am nächsten Tage heißt es: »Zu Beginn des dritten Verhandlungstages ließ der Angeklagte durch seinen Verteidiger beantragen, einen Polizeikommissar als Zeugen zu vernehmen, der in einer anderen Mordsache einem Verdächtigen ein Geständnis auf ähnliche Weise in den Mund gelegt haben soll, wie es Schulze Bast gegenüber behauptet.

Der Staatsanwalt kennzeichnet in seiner Anklagerede die Knautkleeberger Bluttat als besonders scheußlich. Die Tat schreie nach Sühne. Dann wiederholt er noch einmal das Ergebnis der Beweisaufnahme. Zunächst erörtert er die Feststellung der Mordkommission.

Besonderen Wert müsse man auf das Verhalten Schulzes legen, als er vom Kriminalkommissar Bast in Frankfurt a. M. gefragt worden war, ob er denn nicht noch eine andere große Sache auf dem Gewissen habe. Schulze habe damals sofort zurückgefragt: ›Sie meinen den Knautkleeberger Mord?‹

Unzweifelhaft sei, daß Schulze das Geständnis nur ablegen konnte, weil er selbst und allein der Täter war. Schulze habe die drei Menschen getötet, weil er sich der Ergreifung auf frischer Tat entziehen wollte. Er hatte eine Truhe erbrochen und seinen Freund Bergmann bestohlen. Wegen dieses Einbruchsdiebstahls wollte er sich nicht ergreifen lassen. Die Erklärung, die Schulze für sein Geständnis gegeben habe, müsse als Unsinn bezeichnet werden. Sie widerlege sich selbst.

Der wichtigste Zeuge in diesem Prozeß sei Kriminalkommissar Bast gewesen. Das Gericht müsse entscheiden, ob man Bast oder Schulze glauben könne. Er, der Staatsanwalt, müsse davon ausgehen, daß Schulze der Täter sei. Der Angeklagte sei nach § 214 zu bestrafen. Für jeden der drei Fälle beantragt der Staatsanwalt lebenslängliches Zuchthaus. Das damalige Alter Schulzes könne nicht mildernd ins Gewicht fallen. Ein Mensch, der solche Taten begeht, sei schlecht von Grund auf und bilde dauernd eine Gefahr für die Menschheit. Das war der Grundton des Plädoyers des Staatsanwaltes, der seinen Strafantrag noch auf dauernde Aberkennung der Ehrenrechte erweiterte.

Das Plädoyer des Verteidigers folgt in der rechtlichen Beurteilung der Bluttat den Aeußerungen des Anklagevertreters. Wenn das Schwurgericht zur Ueberzeugung gelange, daß Schulze tatsächlich der Täter sei, dann solle es als Strafe für den einzelnen Fall nicht mehr als die Mindeststrafe auswerfen und daraus eine Gesamtstrafe bilden. Sei Schulze überhaupt der Täter? Nach dem Geständnis, ja. Aber die Behauptungen des Beschuldigten über das Zustandekommen des Geständnisses und des Widerrufs seien nicht widerlegt. Die Ausführungen des Gerichtsarztes über den Geständniszwang usw. seien theoretischer Art; das müsse man bei deren Beurteilung berücksichtigen. Dafür, daß Schulze nicht der Täter sei, spreche, daß Schulze noch nie vorher und nachher gewalttätig geworden ist, daß er nach der Tat längere

Zeit in Knauthain blieb, daß man nichts von ihm am Tatort fand und nichts bei ihm aus der Panzerschen Wohnung fand. Weiter seien viele Widersprüche im Geständnis zum tatsächlichen Befund bedenklich. Es bestehen Zweifel an der Schuld des Angeklagten und deshalb beantragt der Verteidiger in erster Linie die Freisprechung Schulzes.

Im sehr erregt vorgebrachten Schlußwort des Angeklagten hieß es: ›Ich kann nur nach wie vor erklären, daß ich die Tat nicht beging. Ich bin kein Mörder!‹

Nach einstündiger Beratung verkündet der Vorsitzende folgendes Urteil: ›Im Namen des Volkes! Der Angeklagte Otto Schulze wird wegen Verbrechens nach Paragraph 214 in zwei Fällen zu 15 Jahren Zuchthaus und wegen eines weiteren Verbrechens nach Paragraph 214 zu lebenslänglichem Zuchthause und zum dauernden Verlust der bürgerlichen Ehrenrechte verurteilt. Die Kosten des Verfahrens hat der Angeklagte zu tragen.‹

Nach der Verkündung des Urteils bricht der Verurteilte in Tränen aus und verhüllt sein Gesicht.

In der mündlichen Urteilsbegründung stützt sich der Vorsitzende hauptsächlich auf das umfassende Geständnis des Beschuldigten. Das Geständnis habe nicht nur in wesentlichen Punkten, sondern auch in fast allen Einzelheiten den tatsächlichen Verhältnissen entsprochen, so daß Schulze die Angaben nur machen konnte, weil er der Täter war. Das Gericht schließt sich der Beurteilung des Geständnisses und des Widerrufs, wie sie Dr. Schütz gab, an. Auf das Alter Schulzes habe man keine Rücksicht nehmen können, da der Beschuldigte sich in jeder Hinsicht als ein durchaus verrohter Mensch gezeigt habe. Für die Tötung Panzers wurden 12 Jahre Zuchthaus und für die Tötung Bergmanns 15 Jahre ausgeworfen. Aus beiden Strafen wurde eine Gesamtstrafe von 15 Jahren Zuchthaus gebildet. Die Tötung der Frau Panzer grenze beinahe an Mord. Für diese Tat habe man nur lebenslängliches Zuchthaus auswerfen können.« Auch hielten ihn die Richter für »uneingeschränkt strafvollzugsfähig«. Seine Strafe tritt Otto Theodor Schulze in der Vollzugsanstalt Waldheim an.

»Waldheim ist gleichsam die Mutteranstalt von allen, das Modell, wonach die übrigen mehr oder weniger geformt sind.« Die Burg aus dem 13. Jahrhundert wurde 1716 »Allgemeines Zucht,- Armen- und Waisenhaus« und ist noch heute sächsische Strafvollzugsanstalt. Oft verbüßten politisch Verfolgte hinter den Mauern ihre Strafe. Aber auch Karl May saß vor Ort und betreute die Gefängnisbibliothek. Die Waldheimer Prozesse verhandelten 1950 Nazi- und Kriegsverbrechen und gelten als »krasser Missbrauch der Justiz zur Durchsetzung machtpolitischer Ziele«.

»Die heutige Zuständigkeit der JVA Waldheim dient dem Vollzug der Freiheitsstrafe männlicher Strafgefangener aus allen Landgerichtsbezirken im Freistaat Sachsen mit Freiheitsstrafe über zwei Jahren, die sich erstmals in Strafhaft befinden.« Einer der Häftlinge des vergangenen Jahrhunderts schrieb: »Die Pforte dieses traurigen Orts öffnete sich mir nach vorausgegangener Legitimierung und ich stand in einem durch zwiefache Eisengitter gegen den Eingang zu abgesperrten Hofraum, der sich in beträchtlicher Ausdehnung rechts bis an die alterthümliche Gefängnißkirche, links bis an die Wirthschafts-Baulichkeiten, die Küche, Waschräume etc. ausdehnte und dessen in ungleichen Abständen vorspringenden Hintergrund das Zuchthaus selbst bildete. Eine mächtige alte Linde gab dem der Kirche zunächst liegenden

Theil des Hofes ein leidlich gartenartiges Aussehen. Dem weiter links gelegenen, ausgedehnteren Theile des Hofs mag in guter Jahreszeit ein jetzt freilich grasloser Rasenplatz zur Zierde, und denen, die ihn täglich eine Stunde lang spazierengehend umkreisen, zu erquickender Augenlabe gereichen. Diese Spaziergänger waren die ersten menschlichen Wesen, welche ich, nach dem Passiren der zahlreichen militärischen Wachtposten am Eingang der ganzen Anstalt, von den Insassen der letzteren zu Gesicht bekam.«

Schulze wird in der Haft zum Querulanten. Unzählige Male geht er zum Arzt und lässt sich behandeln. Monate verbringt er auf der Krankenstation. Wieder in seiner Zelle zerstört er alles Mobiliar, reißt das Waschbecken von der Wand und die Toilette aus dem Boden. Zuständige Institutionen erhalten in unablässiger Folge Gnadengesuche und Beschwerden. Schulze kämpft um ein Wiederaufnahmeverfahren. Aufseher klagen über Aggressivität und beleidigende Worte. Der Inhaftierte wird dem Anstaltspersonal zur Belastung, doch Alternativen seiner Unterbringung gibt es nicht.

Eine erneute Begutachtung protokolliert am 11. August 1941: »Schulze hat seit seiner Einlieferung gegen den Vollzug der Strafe opponiert. Unverändert hält er an der Behauptung fest, er sei unschuldig, die früheren Geständnisse seien falsch. In zahllosen Eingaben, Gesuchen, Anklageschriften und Briefen wiederholte er in stereotyper Weise seine Unschuldsbeteuerungen. In den ersten Jahren seiner Strafzeit demonstrierte er außerdem durch ein ungewöhnlich renitentes Verhalten gegen die Verurteilung und erreichte zugleich, daß er fünfmal für insgesamt 5 Jahre, 2 Monate und 25 Tage der Heil- und Pflegeanstalt zugeführt wurde und er sich so dem Strafvollzug entziehen konnte.

Durch Toben, Zerstören des Zelleninventars, hemmungsloses Bedrohen und Beschimpfen der Beamten durch Selbstmordversuche und Essensverweigerung erweckte er mit Erfolg den Anschein, straffvollzugsunfähig zu sein. Er leidet nicht an Unschuldswahn, sondern versteht nur in kluger Weise, Unschuldswahn vorzutäuschen und mit allen Mitteln den Eindruck zu erwecken, als sei er von seiner Unschuld überzeugt. Zu dem Gesuch ist zu sagen, daß die Schwere der Tat, die Haltung zur Bestrafung, die Führung während des Vollzugs und vor allem die Persönlichkeit des Sch. einen Gnadenerweis gänzlich indiskutabel erscheinen lassen.«

Mit Rotstift ist am 23. September 1943 in der Akte vermerkt: »Nach Buchenwald«.

4. Verbrennung – Lublin, 1944

Das Leipziger Einwohnermeldeamt erhielt am 1. April 1944 eine Nachricht aus dem Konzentrationslager Lublin mit der Bitte um Weiterleitung an die Angehörigen des Schulze: »Am 4.3.1944 um 11.45 Uhr verstarb der am 23.9.1943 in ein K. L. eingewiesene V. H. Schulze, Otto Theodor, 30.9.1902 in Leipzig, an Lungentuberkulose. Ich bitte, den Bruder, Walter Schulze, Leipzig, Delitzscher Straße 140 I, vom Ableben zu benachrichtigen. Die Leiche wurde im Lagerkrematorium eingeäschert. Das RSHA ist verständigt.«

Aus Leipzig schreibt man nach Lublin zurück: »Der Schlosser Walter Schulze, Leipzig N22, Delitzscher Straße Nr. 140 I wohnhaft, ist von der Kommandantur des Konzentrationslagers Lublin mit Schreiben vom

1.4.1944 von dem Ableben seines Bruders in Kenntnis gesetzt worden. Er hat sich wegen der Übersendung einer Sterbeurkunde mit dem K. L. schriftlich in Verbindung gesetzt. Walter Schulze bittet um Übersendung des Nachlasses an seine Adresse. Überführung der Urne wird nicht beantragt.«

Fünf Akten des Dreifachmörders O. T. Schulze zeigen neben Täter, Opfern und Polizeiarbeit auch Spuren der deutschen Geschichte. Sehr persönlich: In einem der Hefter finden sich in einem brüchigen Papiertütchen Hosenträger: hellbraun, festes Gewebe. Unten zweigeteilt mit Löchern für die Knöpfe am Hosenbund, ganz der Schick damaliger Zeit, und ein Foto des Otto Theodor Schulze. Das Foto zeigt einen jungen Mann mit breitem Kiefer, großer Nase und tiefliegenden Augen. Sein Blick bleibt im Dunklen. Die Wangen eingefallen. Haare kurz geschnitten. Andere Bildaufnahmen zeigen nicht Otto Schulze, sondern dokumentieren seine Tat: Blutspritzer an der Wand und auf den Möbeln. Blutlachen neben einem Hammer. Blut und Blut und drei tote Menschen.